疯长

新消费时代，如何打造、运营新品牌

华少——著

中国科学技术出版社
·北 京·

图书在版编目（CIP）数据

疯长：新消费时代，如何打造、运营新品牌 / 华少著 . — 北京：中国科学技术出版社，2022.12
ISBN 978-7-5046-9862-9

Ⅰ . ①疯… Ⅱ . ①华… Ⅲ . ①品牌营销—研究 Ⅳ . ① F713.3

中国版本图书馆 CIP 数据核字（2022）第 203448 号

策划编辑	申永刚　龙凤鸣	责任编辑	龙凤鸣
封面设计	仙境设计	版式设计	蚂蚁设计
责任校对	邓雪梅	责任印制	李晓霖

出　版	中国科学技术出版社
发　行	中国科学技术出版社有限公司发行部
地　址	北京市海淀区中关村南大街 16 号
邮　编	100081
发行电话	010-62173865
传　真	010-62173081
网　址	http://www.cspbooks.com.cn

开　本	880mm × 1230mm　1/32
字　数	171 千字
印　张	9.875
版　次	2022 年 12 月第 1 版
印　次	2022 年 12 月第 1 次印刷
印　刷	北京盛通印刷股份有限公司
书　号	ISBN 978-7-5046-9862-9/F · 1069
定　价	68.00 元

在完成这本书的过程中，我对如何打造和运营新品牌有了进一步的认识。当今时代，各商业领域变化迅速，各种“招法”层出不穷。在数字化和新流量时代的背景下消费者的消费行为与往日大不相同，只有紧跟时代，更新方法，才能为用户提供更好的产品和服务。我在写作这本书的过程中，参考了不少“一线人员”打造和运营各种品牌的资料，书中也列出了不少实战案例。对此，我想简要介绍一下他们并对他们表示诚挚的谢意。

首先，我要提到的是华懿慧聚的CEO刘思懿，她的团队在营销方面曾服务过百果园、百草味、鸿星尔克等品牌，她在商业模式设计、品牌定位、全渠道内容营销等方面做得很好，给了我很大的启示，在此，对她表示感谢。

其次，我要提到的是王耀民先生，他于2002年创立三问集团，2008年创立英伦宝贝公司，成功打造了“i-baby”品牌，2013年收购荷兰母婴品牌i.lollipop。他融合东方传统育婴文化与西方现代育婴理念，以“科技创新×创意设计”为创新手段，以“人×场景”为营销核心，打造了不少爆款产品。他的理念和运营模式，对我启发很大，在此，对他表示感谢。

最后，我要提到的是张毅先生，他于2010年创办了北京优游网际网络科技有限公司，与不少互联网龙头企业在互联网广告领域深度合作，获得了不俗的成绩。张毅先生的营销模式对我来说，很有借鉴意义。在此，对张毅先生表示感谢！

当然，还有那些未提到名字的人，也一并感谢你们！是你们的经验和智慧，促成了这本书。

刘思懿女士

上海华懿慧聚文化有限公司CEO、创始人
新零售行业90后青年深度创业者
义乌好货产业园联合创始人
华懿寻唐农业科技创始人

王耀民先生

上海英伦宝贝儿童用品有限公司创始人
三问家居股份有限公司董事长
上海进出口商会理事会副会长
上海交通大学产业创意研究所副所长
安徽省健康产业发展促进会副会长

张毅先生

北京谊友联盟网络科技有限公司创始人
天津秀尚传媒有限公司（直播基地）董事长
天津秀尚科技有限公司（直播供应链）董事长
非常给力（北京）文化传播有限公司合伙人
南京光仑泉水集体有限公司执行董事
天津光仑泉水销售有限公司总经理

在新消费时代，面向消费升级和新互联网消费者，很多品牌的传播主阵地从电视端转向移动端。不少品牌借着互联网的东风频频实现“逆袭”，很多零食品牌、服装品牌、奶茶品牌等，都取得了非常不错的成绩。这些突围成功的品牌都有一个共同的特点，就是在线化做得非常好，能够通过互联网联动线上线下大发展。这种在线化既打破了物理空间的束缚，又让品牌更快速地拥抱新消费者，使企业成功地扭转了局面。

本书所说的新品牌打造有一个非常关键的地方，即对互联网的应用。互联网的发展极大地推动了新品牌打造的进程，一个初出茅庐的新品牌可能在一场互联网营销中赚得盆满钵满。老品牌也能在各种互联网的“因缘巧合”下实现目标，为自己带来惊人的销量。

从某种程度上说，在线化和数字化的转型升级，在大数据和人工智能时代，是传统品牌必须面对的问题，也是新品牌必须学习的技能。无论是传统品牌还是新品牌都需要通过学习去适应越来越多变的环境，学会通过互联网和数字化营销去发展自己的品牌。

针对这些关键点，本书从新品牌突围、出击、重塑、构建、破局、实践和扩容等多个角度为读者提供了一些极具实践意义的方案。本书在写作时遵循了以下3个原则，旨在让读者更容易了解这本书的价值。

1. 全局性

本书基于对大消费领域的研究，从新品牌涌现的背景、流量的新运营方式、新品牌的打造策略与营销方法等多个角度出发，结合时下极具代表性的新品牌或老品牌案例，系统分析了新品牌的打造路径。

2. 实用性

本书在内容创作上将重点放在了实用性上，因此对于新品牌的创始人和运营者普遍关注的问题，比如市场真正需求是什么、如何抢占用户心智、如何让新品牌持续发力等都做了具体的讲解。可以说，任何一个想要打造新品牌的读者，都能从书中摘取到他们想要的内容。另外，本书选取了众多领域的新品牌案例作为研究对象，主要覆盖了服装、火锅、零食饮料、生活电器、手机等领域，向大家展现出新品牌是如何借助互联网的东风发展起来又是如何打造和运营的。

3. 实操性

对于新品牌打造的工具书来说，重要的就是要具有强实操性，因此本书舍弃了无实际意义的内容，目的在于让读者拿到这本书就能立即实践并获得一定的启发。基于这个目的，本书中加入了很多案例和流程图，并提供了一些方法措施，旨在帮助读者更好地了解、学习。

本书适合企业主、品牌运营人员、产品经理等阅读。无论如何，如果品牌下定决心要做好品牌打造工作，就一定要足够坚定、要做好将品牌营销当作长期任务去做的准备，同时要把握好正确的前进方向。

第1章 突围：新消费带来的品牌机遇 / 001

1. 新消费：改变消费的底层逻辑 / 003
2. 新流量：碎片化、多元化 / 007
3. 新服务：供给和需求的精准对接 / 011
4. 新品类：聚焦“窄众”、情绪和颜值 / 016
5. 新场景：定向人群+解决方案 / 021
6. 新营销：新品牌成长的重要助力 / 026
7. 新技术：让世界爱上中国造 / 034

第2章 出击：算法释放新一轮品牌红利 / 039

1. 计算红利：算法是第一生产力 / 041
2. 新流量时代：品牌互联网化，而非“互联网+”/044
3. 品牌流量：公域流量+商域流量+私域流量 / 048
4. 爆发式增长：只有第一没有第二 / 053

5. 热度排序算法：初始热度+互动热度–随时间衰减的热度 / 057

6. 内容推荐算法：让你的产品说用户喜欢的话 / 061

7. 迭代算法：从无中生有到暗度陈仓 / 064

第3章　重塑：新品牌IP的源动力构造 / 069

1. 价值观是品牌的第一源动力 / 071

2. 新时代：市场的真正需求是什么 / 073

3. 新意识：信息生活化催生生活化IP / 081

4. 新创造：决策比选择重要 / 085

5. 新产品：重新定义价值属性和营销属性 / 090

6. 新价格：现在进行时等同于价格 / 095

7. 新增量：多元效应，放大效应，协同效应 / 097

8. 强认知：抢占市场，先抢占消费者心智 / 101

9. 易传播：媒介决定品牌传播方式 / 104

10. 超体验：强化品牌为用户带来的服务感受 / 107

11. 再裂变：持续打造品牌势能 / 110

第4章　构建：新品牌必须具备的10个价值 / 117

1. 马太效应：树立匹配消费者需求的新观念 / 119
2. 交易效用：幸福 = 效用 ÷ 欲望 / 122
3. 边际成本：高性价比与低边际成本 / 128
4. 强供应链：让新品牌持续发力 / 133
5. 参考价值：品牌的创意与内涵 / 138
6. 附加价值：为消费者创造精神享受 / 143
7. 物理价值：品牌的定位与传播 / 148
8. 意义价值：让品牌成为消费者的信仰 / 151
9. 生态价值：场景再造，品牌关联形成体验合力 / 156
10. 个体价值：重塑个人IP，打造个体品牌 / 160

第5章　破局：新品牌定位的7个策略 / 165

1. 开辟新赛道，注入新动能 / 167
2. “垂类玩法”助力品牌升级 / 172
3. 重构产品价值，追求极致“产品力” / 178
4. 用户下沉：洞察需求，精准定位 / 183
5. “小而美”定位，打造差异化 / 188
6. 容易记，易关联 / 193

7. 塑造属于品牌自身的独特优势 / 198

第6章 实践：打造新品牌的7个步骤 / 203

1. 赛道选择：我是谁，我要成为谁 / 205
2. 提升价值：我如何成为最好的自己 / 208
3. 品牌联名：如何更快地让更多人知道我 / 215
4. 追求极致：如何让用户真正认可我 / 220
5. 突出“颜值”：我如何取得年轻用户的青睐 / 224
6. 内容营销：我如何讲一个动人的故事 / 228
7. 品牌联盟：从1到N，从“我”到“我们” / 234

第7章 出圈：个人如何打造新品牌IP / 239

1. 个人IP进化的第一原理：筛选 / 241
2. 朋友圈是最适合打造个人IP的载体 / 244
3. 打造个人IP第一步：设计人设标签 / 247
4. 打造个人IP第二步：输出有价值的内容 / 251
5. 打造个人IP第三步：拉新获客 / 254
6. 打造个人IP第四步：流量变现 / 257

第8章　崛起：企业如何打造新品牌IP / 261

1. 打造企业IP第一步：精准定位 / 263
2. 打造企业IP第二步：匹配资源 / 266
3. 打造企业IP第三步：讲好故事 / 268
4. 打造企业IP第四步：引爆传播 / 271
5. 打造企业IP第五步：把控节奏 / 274
6. 打造企业IP第六步：抢占席位 / 277

第9章　扩容：新品牌运营的4个维度 / 281

1. 策略：重新定位，商业模式，品牌资本化 / 283
2. 矩阵：全域流量，营销团队，用户管理 / 289
3. 获客: 私域运营，新平台，存量和增量 / 293
4. 运营：用户裂变，流量沉淀，审美红利 / 297

第1章

突围：新消费带来的品牌机遇

消费升级下的新消费时代给品牌发展带来了很多机遇。在这些机遇下，新消费品牌形成了一个巨大的风口。

1 》》新消费：改变消费的底层逻辑

随着5G、互联网、短视频、各种社交媒体的迅速发展，社会的变化、消费者的进步和技术的升级，促进了新消费时代的开启。“新消费”是指由数字技术等新技术、线上线下融合等新商业模式以及基于社交网络和新媒介的新消费关系所驱动的新消费行为。

（1）从传统消费到新消费的3个发展阶段

在介绍新消费之前，我们可以先了解一下从传统消费到新消费的3个发展阶段，如图1–1所示。

消费的 1.0 时代	消费的 2.0 时代	消费的 3.0 时代
• “渠道为王” • “媒体为王”	• 电商平台崛起，传统的门店遭受到了冲击，更便宜、速度更快的网上渠道成了新宠	• 直播和社交电商兴起，进入了商品找消费者的新阶段

图1–1　从传统消费到新消费的3个发展阶段

1）消费的1.0时代

从20世纪90年代开始，“渠道为王”和“媒体为王”这样的名词成了品牌在营销过程中最常用的字眼。进一步说，商家会大规模地开门店吸纳消费者；品牌会邀请代言人，做电视广告、报纸广告等，吸引更多的加盟商和消费者。在当时，商家和品牌只需要做好这两件事情，基本就可以赚钱。

2）消费的2.0时代

2008年开始，随着电商平台的崛起，传统门店遭受到了冲击，更便宜、速度更快的网上渠道成了消费者的新宠。很多不起眼的品牌借助互联网的东风，不仅在短短几年的时间就收获了几百万甚至几千万的粉丝，还获得了巨额利润。比如某坚果品牌仅仅用了7年时间就成了市值过百亿元的食品巨头。

3）消费的3.0时代

如果说消费2.0时代只是“线下渠道”升级为“线上渠道”，“报纸、电视媒体”升级成了“互联网媒体”，那么消费3.0就是进入了一个全新的时代，直播和社交电商的兴起，让传统的“人找商品”变成了“商品找人”。在消费3.0时代，无论是短视频平台还是社交电商平台，都进入了商品找消费者的新阶段。在这个阶段，消费不仅呈现出了全新的特征，而且还带来了新的场景体验。

例如，某品牌在某知名短视频平台发布了一段和产品相关的短视频，同时将该产品的购买链接放置在短视频的下方，消费者在观看短视频的途中可能就会做出购买行为。

（2）“新消费”时代的特点

我们也可以把消费3.0时代称为“新消费”时代。“新消费”时代具有以下3个特点，如图1-2所示。

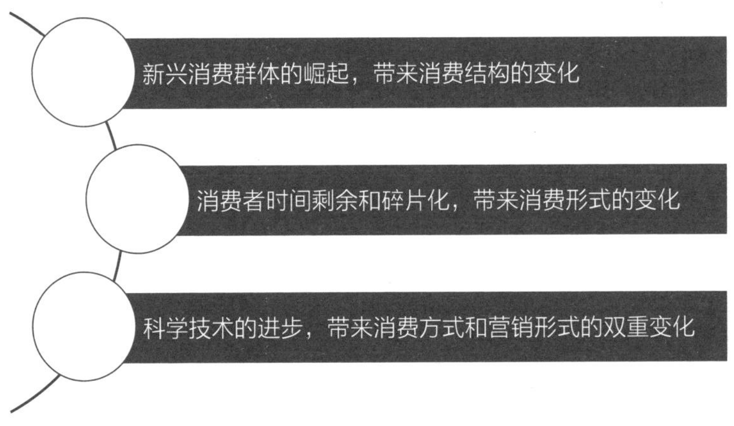

图1-2 “新消费”时代的特点

1）新兴消费群体的崛起，带来消费结构的变化

随着经济的迅速发展和时代的变革，使得90后和00后等新一代消费群体崛起。新一代消费群体具有消费主动性强、追求舒适感和时尚化、喜欢追随新潮和新鲜事物等特性，这

些特性也带动消费的新一轮升级。例如层出不穷的“网红店打卡”“内容付费”等这些消费现象，都和新一代消费群体的崛起有着密切的关系。针对“新消费时代”的这一特点，商家和品牌可以通过“渠道运营+内容运营”的策略，即通过各种社交软件做内容投放，将线上与线下、内容化与场景化高效结合，制造出话题热度和爆款产品，吸引新一代消费者群体，进而实现传播品牌、带动产品销售的目的。

2）消费者时间剩余和碎片化，带来消费形式的变化

随着人们碎片化的时间和可支配的时间越来越多，消费者从物质上的消费慢慢转移到体验性消费和精神层面的消费。例如，人们会在闲暇之余打开各类软件，观看各类短视频和直播，在放松自己身心的同时也会被视频里的产品吸引，往往在观看短视频和直播，或者浏览各种图文的过程中就会下单购买产品。针对“新消费时代”的这一特点，能够给消费者带来极佳的体验感以及关注到消费者精神层面需求的品牌将会获得更多的机会。

3）科学技术的进步，带来消费方式和营销形式的双重变化

5G、移动支付、大数据、基于LBS①的电子商务等技术不断普及，让消费数字化成为现实，与之匹配的“消费画像”

---

① 基于地理位置数据而展开的服务。

和“用户画像”在消费领域也得到了大规模的应用。尤其是大数据分析和精准化、个性化推荐，更是展现出千人千面，所看即所想，所想即所得。某种程度上，“新消费时代”和之前的消费时代的区别是“新消费时代”的核心是人，而非商品。在“新消费时代”下，品牌与消费者建立起了更直接的联系，也能更好地影响消费者做出购买决策。

新消费改变了消费的底层逻辑，由生产方转移到了消费方，用户成了消费的核心，这也意味着商家和品牌要手握流量，与消费者建立起直接的联系，借助互联网和各类社交平台打造自有品牌，赋予产品更高的价值。

2 新流量：碎片化、多元化

2022年8月31日，中国互联网络信息中心（CNNIC）公布的第50次《中国互联网络发展状况统计报告》显示，截至2022年6月，中国网民规模为10.51亿人，互联网普及率达到74.4%，特别是移动互联网用户总数约为10亿；5G网络用户数约为4.7亿，建成了全球规模最大的5G网络。庞大的互联网用户规模，蕴藏着一股各行各业都无法轻易忽视的巨大流量，从而推动更多的商家和品牌将营销方向往线上靠拢，“新流量”时代由此到来。

在互联网时代，全行业都在竞争流量，无论是线上流量还是线下流量，都让全行业竭力追逐。很多商家和品牌不仅通过各种新的营销方式获取线上流量，同时也有越来越多的品牌意识到开设线下门店的重要性。因此，新品牌要想在行业中快速突围，就必须在全行业流量竞争中抢占优势。

“新流量”时代的流量呈现出碎片化、多元化的趋势，即流量来源碎、杂、多元，不只是来源于某一个入口。

流量变得碎片化、多元化主要源于以下几个方面的原因，如图1–3所示。

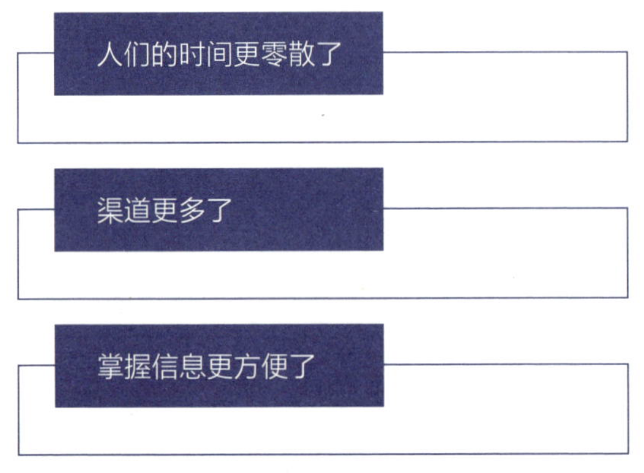

图1–3 流量变得碎片化、多元化的原因

（1）人们的时间更零散了

移动互联网用户能够充分利用“碎片化”时间（比如吃

饭间隙、等电梯间隙、坐地铁间隙、睡觉前间隙等），使用手机或者移动设备来浏览新闻、玩游戏、观看短视频和直播等。这些碎片化时间看似不起眼，但是它们既占据着人们大量的时间，又深刻影响着人们的购买决策。

短视频的时长一般介于15秒到5分钟之间，这中间有15秒、30秒、1分钟、3分钟、5分钟等几个常见的时长。用户可以在各种短视频类、社交类、媒体类App① 上观看短视频，有趣、有料、好玩的短视频在十几秒的时间内，就能快速占领用户的心智，抢占用户的碎片化时间，让用户欲罢不能。用户既能从一个个短视频、直播中获得快乐猎奇的体验，缓解疲劳，获得一种内心的满足，又能被短视频、直播里面的产品和品牌吸引，从而做出购买行为。

更多的流量以碎片化的方式占据着用户的思考空间。对商家和品牌而言，这些附着在短视频、直播上的新流量给了它们一个更快速接触用户的重要窗口。

（2）渠道更多了

渠道变多表现在用户不只是从单一入口访问，而是可以从多个入口访问。以前用户上网的途径非常有限，只能通过

① App，英文 application 的简称，即应用软件。——译者注

浏览器、门户网站和搜索引擎上网，因此，浏览器、门户网站和搜索引擎成了当时的流量入口，较为单一。但是在移动互联网时代，用户想要获得什么信息时，常常会直接打开相应的App，不再需要通过浏览器或者某一个特定入口。

流量碎片化、多元化使得商家和品牌的流量来源多元化，在单纯依靠某一个流量渠道无法大幅提升流量的情况下，商家和品牌可以通过其他渠道提升流量。于是更多的商家和品牌转战到各类App开展营销推广活动。例如，很多商家和品牌入驻到一些短视频平台、社交平台，它们在这些平台上通过短视频、直播和图文等形式发布产品和品牌信息，不断获得新流量，积累粉丝，直至实现产品变现。

（3）掌握信息更方便了

《中国互联网络发展状况统计报告》（2021年8月22日公布）显示：我国手机App总数量达到302万。人们掌握信息的方式更快捷方便，可随意打开手机App获取自己想要搜集的信息，而不再只是依赖商家和品牌的广告所给出的信息。移动互联网不仅让用户掌握信息的方式更加方便快捷，也使用户不再局限于某一个或某几个平台，而是可以根据自己的需求选择不同的平台。针对这一变化，商家和品牌首先要跳出传统的广告发布方式，从传统的广告平台转移到各类App上。其次，由于用户分布在不同的App，商家和品牌不能只在某一个或某几个App发力，而是要在不同的App间打造营销矩阵，即采取多平台或单平台多账号营销的方式。对商家和品牌来说，矩阵营销的优势在于有更多的流量入口，不同平台或账号之间可以进行资源互换，提升总体的粉丝数，也更有利于全方位推广品牌和产品。

综上，流量呈现出碎片化、多元化的趋势，已经成为既定事实。如果商家和品牌不对流量属性加以分析研究，不计成本地去获取流量，便会导致耗费大、回报小的结果，这是很多企业都难以接受的一件事情。

因此，在新流量时代，商家和品牌要结合自身品牌和产品的定位，区分哪些属性的流量是符合要求的，同时也要想方设法将碎片化的流量进行充分且有效的整合，这样才能真正做到用更低的成本达到期望的营销目标。

3 新服务：供给和需求的精准对接

伴随着互联网和新媒体的快速发展，“运营”的功能和作用越来越被放大，“新服务”也应运而生。所谓“新服务”，是相对传统服务模式而言的一种新模式，它是对传统服务的体验模式、交付模式、运营模式的一种更新，核心是利用互联网数字化的能力为消费者提供更优质的产品和服务，以实现供给和需求的精准对接。在过去，商家和品牌大多比较注重线下营销服务，通过广告、门店宣传等方式吸引消费者，通过实体店为消费者提供服务。伴随着数字产业经济的快速发展，各类商家和品牌也逐步走出实体经营模式，开启更适合当代消费者的线上营销服务模式。例如，本地生鲜电商、外卖等平台，能够将生活服务平台数据与经营商家直接联结起来，为商家提供生产供应量等方面的指导，优化商家内部操作流程，并与平台无缝对接，从而提升操作效率、实现精准服务。

社交媒体、短视频、直播等新营销模式的迅猛发展，更推动了各类商家和品牌开展线上服务，借助在线平台实现供给和需求的精准对接。

某卤味品牌在2020年“双11”获得鸡肉零食类榜单第一的成绩，销售额超2000万元。其原因是该卤味品牌遵循“反向开发”的原理，以消费者认可的产品标准，来倒推产品迭代改良，从“以产定销”到“以销定产”，重新调整生产链以适应消费者的口味需求。

他们甚至在新品与消费者之间建立了一个循环的双

> 向沟通机制：新品给种子消费者尝试——种子消费者反馈——品牌快速调整——再测试——消费者再反馈，以这种方式对接消费者的需求。
>
> 除此之外，该卤味品牌还会联动美食类KOL[①]，通过短视频、直播等方式，进一步实现供给和需求的精准对接。

可以看出，“新服务”不仅能够更方便快捷地为用户提供更好的服务，还能拉近品牌与用户之间的距离，产生更强的用户黏性，这些都有利于品牌的发展。

为了实现供给和需求的精准对接，商家和品牌做了以下工作，如图1-4所示。

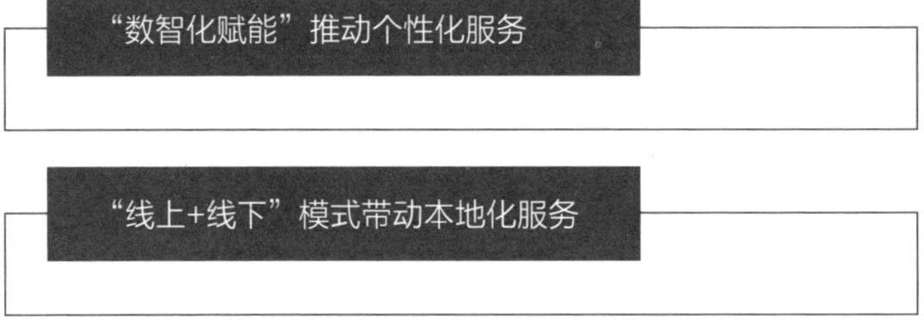

图1-4 实现供给和需求的精准对接

① KOL，英文为 Key Opinion Leader，即意见领袖。——编者注

（1）“数智化赋能”推动个性化服务

塑造新品牌并不能简单地复制成功品牌的发展路径，因为品牌面对的消费者需求和营销环境还将不断变化，新的机会和挑战也层出不穷，但是唯一不变的是品牌必须与时俱进，紧跟消费者的需求，并通过“数智化赋能”推动个性化服务。个性化服务不仅可以帮助品牌抢占新的市场，树立良好的品牌形象，还能通过给消费者提供更精准的服务在行业中取得竞争优势。

某餐饮品牌专门定制了一款点餐机，当消费者点餐时，摄像头会拍到消费者，于是点餐机就会显示：XX套餐X选1。有些人被推荐3个套餐，有些人被推荐1个套餐。点餐机可以通过识别用户的特点和需求，为用户提供个性化推荐。

除了点餐机外，该品牌负责人未来还计划为点餐机设计自动生成电子菜单的功能。一方面，餐厅的店主可以根据自己的需求去定义菜单，无须再聘请菜单设计师；另一方面，用户在App上点餐或者点击菜品广告的时候，也会产生数据，而商家可以通过这些数据了解用户，进而提供更精准的推荐。

可以看出，该餐饮品牌定制这台点餐机的目的，并不只是让用户点餐，更多的是提升个性化服务的效率和精准度。随着数字化、大数据等科技的迅速发展，未来将会有更多的商家和品牌能够给消费者提供更精准的服务，进一步实现供给和需求的精准对接。

（2）“线上+线下”模式带动本地化服务

“新服务”的核心是数智化，但是当下本地商家和品牌存在客流引入难、经营项目缺乏力度、门店效率低和增值服务少的痛点，而数字化升级是行业突围的关键。因此，商家和品牌可通过“线上+线下”模式带动本地化服务。

以外卖行业为例，“线上+线下”的新服务模式可以帮助商家提升服务能力和服务水平，实现线上线下一体，为消费者提供全场景服务，为商家增加赢利渠道；通过对前厅、后厨的改造实现门店数字化，提升经营效率。

为了更进一步地实现供给和需求的精准对接，同时也为了增强用户黏性，商家和品牌也可以通过后续的运营将多个渠道引入的流量导入到私域流量池中，然后借助持续性的内容、产品上新、促销活动以及专属权益等一系列策略为私域用户提供更精准的服务，有效提升用户的留存率，同时这些忠实用户的反馈，也有利于产品的优化与迭代。

综上，新服务时代，数字化升级带来的不仅仅是服务多样化，还有整个行业深层次的变革。商家和品牌可以借助网络和平台，更迅速地拉近品牌和用户的距离，更好地实现供给和需求的精准对接，进而实现营销效果最大化。

4 新品类：聚焦“窄众”、情绪和颜值

虽然科技的发展为商家和品牌带来很多机会，但是要想持续吸引消费者，实现变现，商家和品牌还是要做好品类。品类是指产品类别，是产品的单一利益点，每个单一利益点都由物质利益（功能利益）和情感利益共同构成。

做好品类不仅能够带动产品的销量，还能够吸引众多的用户成为商家或品牌粉丝。打造好一个品类，意味着商家和品牌必须要具备“创新意识”。换句话说，品类创新的核心，不是“更好”，而是“不同”，因此品类要“新”。

某卤味品牌创始人在分享品牌的成功秘诀时总结道：“这是品类的红利，不是品牌的红利。”尤其是当他“改道”凤爪品类，进驻电商后，该卤味品牌一飞冲天的业绩强有力地证明了赛道的重要性。该品牌创始人认为，“做

消费品，选对品类很重要，足够广阔的赛道上才有机会孕育出强大的品牌。”

打造一个成功的品类并不容易，打造一个成功的新品类更是难上加难，关键在于企业是否抓住消费者的需求，符合消费者的思维和行为习惯。

在新时代下，消费者的消费思维和行为习惯也发生了变化，主要表现在以下三点。

一是美好生活促使消费者步入“品质品位时代”，主流消费群体的消费需求从“物质型”向“品质型”跃迁，消费升级的大幕已经拉开。

二是从大众走向小众，消费分层分级时代来临，以品质驱动的产业和“小众品类”兴起。消费者在巨大的工作压力和快节奏的生活压力下，更愿意购买能够满足自己，给自己带来愉悦感的产品，也更愿意为情怀和精神买单，追求能够展现自身人生观、价值观的消费品牌。

三是注重颜值，消费者喜欢好看的、悦目的产品，追求原创文化、原创审美。

从消费者的消费思维和行为的变化来看，新时代产品必须具备聚焦小众人群、高情绪价值、高品质、高颜值的属性。因此，商家和品牌在打造新品类时，要重点聚焦窄众、分析用户情绪和确保高颜值视觉体验。如图1–5所示。

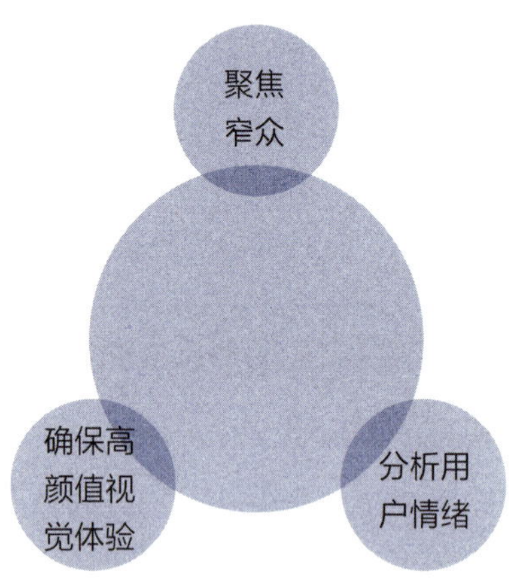

图1–5　打造新品类的3个重点

（1）聚焦窄众

窄众是相对大众而言，窄众营销在传播的范围上只针对特定的目标群体，传播活动不再针对数量巨大、结构复杂的大众群体，而是以特定的传播内容，来服务于具有特定特征的相对同质化的小群体，即小众人群和小众市场。

对商家和品牌来说，聚焦窄众意味着要对受众市场进行“细分”，目标消费者要选择小众人群、小众市场。某种程度上说，锁定小众人群往往更容易捕捉到最核心的痛点。精准的小众人群，往往有着比其他人更深的需求点，更挑剔的产品要求。

一旦产品在小众人群那里得到认可，从某种程度上说，对大众也能超出期望值。很多品牌往往都是在小众圈子里先“火起来”，在小众人群获得追捧后，慢慢发展成新的品牌势能，最后成为大众品牌。例如，某品牌汽水并不针对所有人群，而是把喜欢喝汽水，又关注健康的小众人群作为目标客户群，因此很快赢得了该人群的认可和主动宣传。随着品牌知名度不断提升，该品牌渐渐被广大用户接受和喜爱。

（2）分析用户情绪

要想品牌和产品能够抓住用户，商家和品牌必然要懂得如何分析用户情绪。一般来说，能够让用户情绪有明显波动的产品更能够吸引用户的关注。这里的情绪可以是感动、怀旧、励志、情怀、温暖、治愈等。例如，某个品牌主打励志情绪，其中某款新产品展现出一个在大城市独自打拼、坚强勇敢的女性形象，很容易就能引起同在大城市打拼的女性的共鸣，进而将这种励志的情绪投射在产品上，愿意购买产品。

因此，在创新品类时，商家和品牌需要在目标用户的心中清晰界定出新品类的轮廓和边界，进一步说，品牌要告诉用户：这个新品类是什么？叫什么？长什么样？给谁用？有什么功能？能够给用户带来什么样的情绪价值？等等。只有清晰界定了这些问题，才能让用户认识新品类，进而引导用户的情绪。

（3）确保高颜值视觉体验

所谓“颜值”是指产品的外观时尚靓丽、设计新颖夺目。在新流量时代，颜值意味着流量和源源不断的关注力。高颜值能带动产品融入社交传播语境，能让产品为用户所喜欢并传播。在信息接收中，视觉所接收的信息，约占全部感觉信息的80%。高颜值的视觉体验更能击中用户，引起正向的情绪，让用户享受这种美的体验，进而能够给产品和品牌带来更多的关注度和流量，甚至能够快速带动一个新品类的发展。

在很多用户眼中，大品牌产品和小品牌产品在功能上并没有很大的区别，在他们对品牌需求不是很高的情况下，他们会首先选择高颜值的产品。

因此，在新品类设计上，不论是平面设计感、标识、形象、包装、产品设计还是品牌代言人，如果品牌能够给用户传递出一种美的感受，就更能吸引用户的关注。以某小众家电品牌为例，该品牌旗下的产品外观采用简约、自然的设计风格，受到了很多年轻消费者的喜爱，很多产品在上线后的几个月的时间里，凭借着“高颜值”，成交额高达千万元。

总之，新品类本身就是一种战略创新，也是一种创新战略。从以往跟风进入一个成熟市场到自主研发和创新，抢占用户的心智，创新、定义、推出、主导新品类，更能够让品牌在同质化的竞争中取胜。

5 新场景：定向人群+解决方案

场景是指需求产生的某种条件，这个条件包括环境、时间、地点、空间等，通常需求是在条件得到满足的基础上才成立的。

在以前的营销环境中，大部分商家和品牌通常只在意如何销售产品，而很少关注场景，因为在他们看来，消费场景是随着消费行为自然而然产生的。例如，购买雨伞的场景是伴随着雨天而产生的，购买遮阳伞是伴随着烈日炎炎而产生的。但是，在新消费时代，一方面市场上的产品太多，消费者在购物时会有一定的惰性，习惯选择自己购买过的产品；

另一方面在消费者对产品不了解或者需求并不强烈的情况下，商家或品牌如果不明确说明产品的消费场景，不少消费者在看到这些产品时，会产生“这个东西确实很好，很吸引人，但是我不知道买来做什么”的想法。这种情况就会对新品牌不利。

因此，新品牌要学会塑造新场景。新场景，就是在新消费时代的背景下，为特定族群的生活方式提供的解决方案。不同的时间、不同的地点、不同的人群存在不同的消费场景，在商业经济环境下，就演变成不同的消费场景。进一步说，商家和品牌要去考虑消费者在什么场景下需要自己的产品。当消费者消费产品的场景数量越多，消费者购买产品的数量也就越多。甚至在某种程度上说，在新消费时代，如果离开了特定消费场景，产品就变得没有意义。

例如，某知名主播曾经创造过1分钟卖出约14000支唇膏的业绩。他在直播时，很巧妙地将口红的使用场景具体到“春夏很适合用”“素颜也可以用”“失恋的时候涂这个颜色，获得新生”“参加前男友婚礼，就涂这个色，霸气”等。观看直播的用户听到这些介绍，脑海中就会产生相应场景下对口红的需求，进而想要下单购买。

在新消费时代，营销场景化的趋势日渐明显。具体来说，商家和品牌在打造新场景时可以采取以下策略，如图1–6所示。

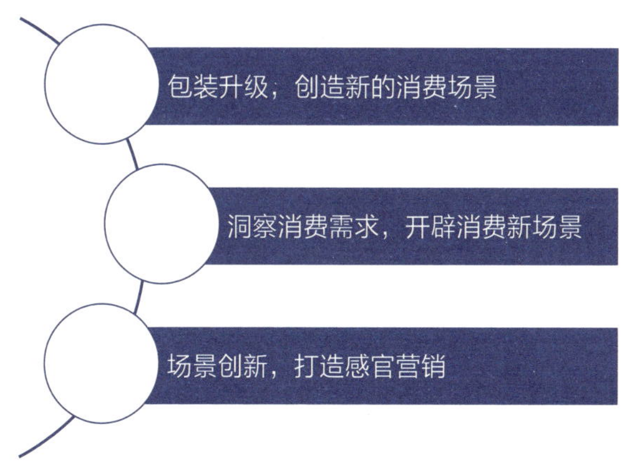

图1–6　打造新场景的策略

（1）洞察消费者需求，基于新的消费场景打造产品

不少新品牌在开发产品和服务前，就已经在思考如何打造新消费场景的问题。他们往往会洞察消费者的需求，发掘能够让消费者更舒心的消费场景，然后再基于场景开发产品和服务。

某咖啡品牌在2019年开了全国首家社区体验店，也是其对“第三空间”场景的一次服务升级。在环境上，这家社区店努力营造生活氛围，比如店内采用极具本地特色的装修风格，同时为孩子设置了专门的阅读区域，为孩子和妈妈们提供自由休息的空间，店外有可供休憩的小庭院。在饮食上，为了照顾无法接受咖啡的小朋友和中老年顾客，社区店提供了无咖啡因的饮品，并且将标准化的盘子和杯子替换成更有美感的餐具等，营造了更为温馨的消费场景。

（2）升级产品的包装，打造新的消费场景

升级产品的包装是指商家和品牌根据消费升级和新时代的审美需求更改产品的外观，在其中融入新的时尚和热点元素，或更换产品的包装以吸引更多的消费者。不少品牌和商家常常通过升级包装创造新场景，持续为特定人群提供产品和服务。

2019年，某矿泉水品牌瞄准家庭生活和后厨这两个用水场景，推出了“15L一次性桶装水”，主打一次性使用，无二次污染更为安全。同时，与4L、5L小容量相比，15L容量更大，能够满足一个家庭一星期的饮用量。

此外，该桶装水设计也很贴心，消费者可以直接打开提手，揭开瓶盖贴膜，插入饮水机。这一行为很好地创造了家庭后厨用水场景，为该品牌赢得了新的市场。

（3）升级产品或服务的感官感受，打造新的消费场景

人有“视觉、听觉、味觉、触觉、嗅觉”五感，这五感不仅与消费者的消费行为有着密切的关联，而且会影响到消费者对消费场景的体验。因此，不少商家和品牌通过升级产品或服务的感官感受打造新的消费场景。

从“牛奶香浓，丝般感受”“下雨天，巧克力和音乐更配哦”到“XX，纵享新丝滑”……某巧克力品牌为产品设计了味觉、听觉和触觉等不同感官体验的消费场景。通过这些场景，让消费者更深刻地体会到食用该品牌的巧克力所带来的美好感觉。

总的来说，对商家和品牌来说，要想打造新场景，为特定人群提供解决方案，就需要明确以下两点。

第一，明确自己的产品或服务所面对的消费人群，以该人群为中心点，思考适用的场景。

第二，通过新的场景提供解决方案，即让特定消费人群通过消费场景的展现清楚地明白自己购买产品或服务有什么用处，可以在哪些场景中用到该产品或服务。

总之，场景与需求相伴相生，需求从来无法脱离于场景存在，而新的需求又会创造出新的场景。因此，商家和品牌要同时思考场景和需求，才能设计出更有用的方案。

6 新营销：新品牌成长的重要助力

互联网让消费者获取信息的渠道变多，获取信息的成本变低了，他们不再依赖广告和品牌来了解产品和购买产品。换句话说，互联网的出现使信息的选择权从品牌迁移到了消费者手里。但是营销的本质并没有变，它还是需要通过技术和手段，缩短消费者的决策时间，帮助他们快速做出购买决策。

在互联网时代，商家和品牌要想最大化地吸引用户购买自己的产品，就需要使用新的营销方法，即“新营销”。在传统营销模式中，小商家、小品牌在平台影响和制空权上难以与大商家、大品牌相抗衡，但是在新营销模式中，任何品牌都能借助新营销的东风获得取胜的机会。如果说传统营销是工业社会的营销体系，那么新营销就是信息社会（有人称互联网时代）的营销体系。无论是商家、品牌还是消费者，都更倾向于通过互联网做营销。某种程度上说，与传统营销相比，新营销往往能获得“四两拨千斤”的效果。

某款饮品是一个郑州80后年轻人创办的，运作半年，几乎是零投入，就在全国开了500多家店面。原因就是他运用了全新的互联网营销模式——他在短视频平台上发布有关产品的短视频，因该款饮品样式新颖又带有娱乐性质，很快受到广大用户的追捧，他们自发地评论、转发短视频。随着越来越多的用户转发该饮品的短视频，该饮品很快就占领了消费者的心智，成为爆款产品，进而带动该品牌迅猛发展，他在短短半年时间就开了500多家店面。

该饮品采用的就是通过用户的自发分享、裂变快速引爆话题的新营销模式，所以能够在短短的时间内形成广泛的影响。

新营销对新品牌的成长和发展有着重要的意义。那么，品牌如何借助新营销实现逆风翻盘呢？无论是新品牌还是失去活力的老品牌，要想做好新营销都必须抓住以下4个要素，如图1-7所示。

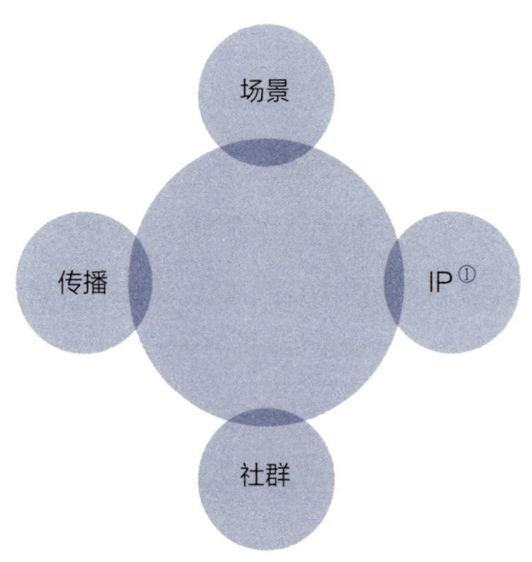

图1-7　新营销发展的4个要素

（1）场景

新营销最大的特点是拓展了销售与成交的场景，无论是线上和线下都可以成交。在互联网时代，消费者消费的场景也发生了变化，很多消费者都愿意待在家里，玩着手机就将产品买了。这就让新营销有了用武之地。

因此，商家和品牌也要做好“线上场景”营销，通过发布图文、短视频或者线上直播的方式，让消费者在玩手机的过程中就可以接收到来自商家和品牌方的富有吸引力

① IP，Intellectual Property，即知识产权。

的信息。

> 例如，某奶茶品牌在某款软件的开屏处投放了一张图文广告——“冬天宅在家，也要喝一杯暖暖的奶茶”，该图文同时链接了该品牌奶茶的购买页面，看到广告想要购买奶茶的消费者只要点击图文即可下单购买。

（2）IP

IP是适合新媒体传播的品牌。品牌不一定是IP，但IP一定是品牌。IP一般来源于一个故事的意识形态，它必须具备原创性、衍生性、互动性，同时还要有一定的粉丝基础。例如某原创网络小说因有着良好的故事性和可观的粉丝基础，后被改编为电视剧、动漫等，成为大热的IP。

在新营销中，商家和品牌若想助力新品牌成长，也可以借助IP营销。具体来说，新营销中的IP包括品牌IP、产品IP和个人IP。

1）品牌IP

品牌IP是以品牌为核心建立起来的。例如某T恤品牌获得众多粉丝认可后，将品牌IP化，产品线延伸到裤子、帽子、旅行箱等，不仅提升了产品的销量，还有效地提升了品牌影响力。

2）产品IP

产品IP是以产品为核心建立起来。例如，某品牌的一款产品因独特的设计和口味成为爆款产品，于是该品牌将该款产品IP化，建立了以该产品为核心的广告形象、口号等，不仅提高了产品的销量，还让该品牌更深入人心。

3）个人IP

个人IP是以品牌创始人或者设计师等人为核心而建立起来的。例如，某品牌的创始人有着非常高的知名度，由其所创造的品牌也能很快地引起广泛的关注。

（3）社群

社群，简单的理解就是一个群，但它不只是拉一个群而是基于一个点、需求和爱好将大家聚合在一起，并且要有稳定的群体结构和较一致的群体意识，有着持续的互动关系。简单地说，社群是依靠人、兴趣或者商品优惠等因素将大家连接在一起。对商家和品牌来说，同样可以借助社群做好新营销，为品牌成长助力。商家和品牌可以通过社群的方式将活跃度高、忠诚度高的用户聚集起来，进行精细化运营，通过发布活动信息、分享优惠券、群员互动等方式增强用户黏性，让用户持续购买产品或者服务，提高变现能力，并在此基础上进行口碑传播。

随着移动互联网的崛起，碎片化的实时在线与沟通让社群迅速崛起，也因为不同的定位和性质成就了多样化的社群，从商家和品牌的角度看，主要包括产品型社群、兴趣型社群、品牌型社群。

1）产品型社群

产品型社群是指围绕产品建立的社群。这类社群既有着实体经营的产品，又颠覆了传统的产品销售方式——商家和品牌利用线上社群的影响力和传播力，充分激发消费者的参与度和活跃度。例如，商家和品牌以某款有话题的产品或者功能价值高的产品为中心建立一个群，将相关的消费者拉入这个群里面，并在群里设置一个机器人助手，定时在群里发产品图片以及优惠活动，提升群成员的参与度和活跃度，从而激发他们持续购买该产品。

2）兴趣型社群

兴趣型社群是指由于需求的个性化和兴趣的多元化而创建的社群，如读书社群、户外旅游社群等。无论是哪种兴趣型社群，都蕴含着巨大的商业价值，值得商家和品牌挖掘。

一般来说，商家和品牌可以通过自建或者借助于与他人创建的兴趣型社群合作的方式开展营销活动。在与自己关联度高的兴趣型社群里发布产品信息，例如旅行品牌的商家就可以加入旅行社区，并在群内发布相关信息，包括各地旅行花费、优惠活动等，以吸引潜在的消费者。

3）品牌型社群

品牌型社群是建立在品牌基础上的、自发形成的社群。用户常常通过品牌社群分享自己使用该品牌和产品的感受、分享知识、展示自己喜爱的品牌等。对商家和品牌来说，品牌型社群既是发现用户需求和信息、培育用户忠诚的有效工具，又能降低营销成本，传播品牌。

一般来说，品牌型社群营销无须做特别的营销活动，因为消费者的忠诚度已经建立了。商家和品牌需要做的就是多在该社群发布产品的优惠活动信息，并且收集消费者反馈的信息。在收集消费者反馈的信息后，商家和品牌要及时进行沟通，尽量满足消费者的需求，让品牌型社群能够正向地发挥出价值。

（4）传播

新品牌新营销中的传播核心是内容。在移动互联网时代，用户往往喜欢有趣、好看、有价值的内容。因此，商家和品牌要想最大化地让用户传播自己的内容，就需要契合用户的喜好，制作出有趣、好看、有价值的内容。以美妆品牌为例，有趣表现在品牌能够以轻松有趣幽默的方式呈现出产品信息；好看既表现在让长相靓丽的模特出镜，同时也表现在画面制作优美精良；有价值表现在多输出一些有内容价值的干货，如3分钟搞定一个职场妆等。

除了以上几点之外，能够传递某种积极的、正面的精神价值的内容不仅更容易引起用户自发传播，还能引起更多用户关注，成为热议话题。

> 某品牌通过一个短视频，展现了“被催婚”的女性形象，向消费者传达了这样一个理念——“人生的下一站，与年龄无关”，呼吁广大单身女性群体：不要被年龄束缚，要学会自己去定义每一站的意义。因为短视频讲述的故事、传递的理念契合了许多单身女性的情绪需求，所以该短视频一经发布，迅速引发大量用户转发和分享，实现了快速传播。

总之，在互联网时代，新营销更能发挥出巨大的营销价值，帮助品牌提升关注度和影响力，进而带动产品的销量。

7 新技术：让世界爱上中国造

随着中国国力的提升和科技的迅速发展，“中国制造”褪去了粗糙与劣质的标签，成了质优价美的象征。中国品牌也正在逐渐摆脱传统守旧、国际潮流跟随者的印象，走向了广阔的大众市场，开创了别具一格的国货新时代。在这个背景下，越来越多的“国货”走到了消费者的眼前，这些“国货”品牌在新技术的推动下进行了创新，无论是包装还是品质都有了飞跃式的发展，赢得了消费者的认可、追捧。

据天猫数据显示，随着95后成为主力消费人群，追求个性化、品质化等消费诉求开始引领新消费趋势，“新国货”品牌乘势崛起。以雪糕为例，2021年1—7月，在雪糕行业，钟薛高、倾心、伊利等“国货”品牌旗舰店销售挤进前五，外资品牌仅联合利华旗下的和路雪旗舰店入围。从这些数据可以看出，国产品牌越来越受到年轻消费者的喜爱。

在新消费的浪潮之下，“新国货”品牌也在不断地强势崛起。尤其是数字化变革改变了“国货”品牌原有的设计、生产、营销等运作方式，促进“新国货”品牌崛起，让世界爱上了“中国造”。“新国货”品牌的良好发展，其中涉及

“天时”“地利”“人和”3个因素，如图1–8所示。

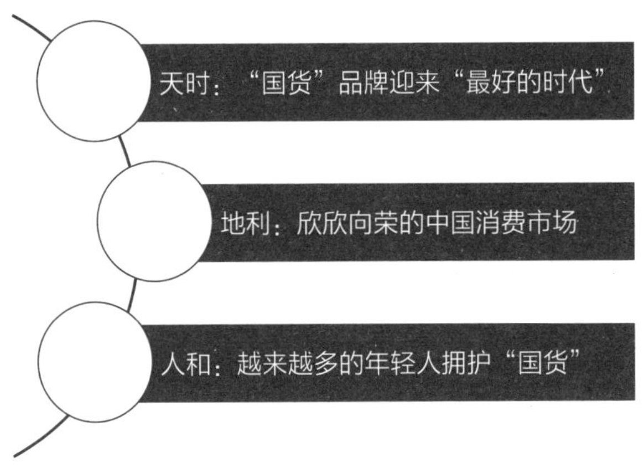

图1–8 “新国货”品牌获得良好发展

（1）天时：“国货”品牌迎来“最好的时代”

当今的社会潮流是推动中国制造向中国创造转变，中国速度向中国质量转变，中国产品向中国品牌转变。2017年4月24日国务院印发《国务院关于同意设立“中国品牌日”的批复》，同意自2017年起，将每年5月10日设立为“中国品牌日”。

同时，随着供给侧改革的不断深化以及国家在特殊时期关于加大对中小企业扶持力度的决定，我们的“国货”品牌正迎来全新的发展机遇。

此外，一带一路的发展也为“新国货”走向世界提供了巨大的有利契机。

这一切都表明，“新国货”品牌迎来了“最好的时代”。

（2）地利：欣欣向荣的中国消费市场

据商务部披露，2012—2020年，我国社会消费品零售总额从206000亿元增长到392000亿元，年均增长8.4%。消费已经多年成为我国经济增长的第一推动力，从侧面反映了我国人民巨大的消费需求。巨大的消费市场也为“新国货”品牌的发展添足了动力。

（3）人和：越来越多的年轻人拥护“国货”

百度与人民网研究院联合发布的《百度国潮骄傲搜索大数据》报告显示，2009到2019年的10年间，中国品牌的关注度占比由38%增长到70%。《2018年中国消费者对国产品牌的好感度调查报告》显示，75.8%的受访者2018年增加了对国产品牌的消费，比2017年上升了1.5%，比2016年上升了14.8%。

主张个性、容易被种草的90后、00后等Z世代（1995—2012年出生的人）人群是互联网的资深用户，对互联网的黏性很强，热衷使用短视频、图文等新型内容平台，成为“新国货”品牌在新媒体中的目标消费群体。

2019年百度发布的《百度国潮骄傲搜索大数据》显示，20～29岁年龄段的用户是最关注国产品牌的人群。国货品牌有着东方美学和传统文化传承的特征，既投射出中国传统文化，又能展现当下的民族自豪感，加之产品更加贴近年轻消费群体的审美和需求，使得他们对“新国货”品牌产生了一种难以割舍的情感。

年轻人的认同和追捧反过来催生了一批符合年轻人审美和需求的“新国货”品牌，带动了“新国货”品牌的迅猛发展。

由此可见，在“天时”“地利”“人和”的推动下，“新国货”品牌将迎来光明的发展前景。

第2章

出击：算法释放新一轮品牌红利

对新品牌运营来说，流量有着重要价值。在新流量时代，算法释放新一轮品牌红利，带来了更大的发展机遇。

1 计算红利：算法是第一生产力

随着互联网的快速发展，推荐算法的重要性正在日益凸显，尤其是经过了互联网早期的大水漫灌之后，商家和品牌要想获得更多精准的信息和流量，推荐算法的意义不言而喻。

在互联网中，算法是指利用用户的一些行为，通过一些数学算法，推测出用户可能喜欢的内容。但是随着各类软件信息收集乱象出现，社会各方面对于用户画像、算法推荐等新技术新应用高度关注，对相关产品和服务中存在的信息骚扰、“大数据杀熟”等问题反映强烈，国家也出台了相关政策进行干预。

2021年8月13日，全国人大常委会法制工作委员会举行记者会，当时的发言人介绍，个人信息保护法草案三次审议稿拟进一步完善个人信息处理规则，特别是对应用程序（App）过度收集个人信息、“大数据杀熟”等进行了有针对性的规范。用户画像、算法推荐等自动化决策，应当在充分告知个人信息处理相关事项的前提下，取得个人同意，不得以个人不同意为由拒绝提供产品或者服务。因此，商家和品牌一定要在充分告知个人信息处理相关事项的前提下，取得个人同意后，再通过算法和大数据辅助自己发展品牌。

站在商业运营的角度上来说，推荐算法本身的核心诉求就是实现其商业价值最大化。在互联网时代，商家和品牌要想抓住流量的红利，就要先充分了解计算红利。在新流量时代，如同蒸汽革命时代的热能是第一生产力，电力革命时代的电力是第一生产力，后来计算力取代热能、电力等成为第一生产力。

尤其是随着移动互联网的发展，算法分发、个性化推荐等新技术应运而生，媒体出现智能化趋势，很大程度上说，智媒时代已经到来。

某知名社交平台自2012年创建以来就打出——“你关心的才是头条”这样的广告语，可见其对用户体验的重视程度。其主要的运作模式就是通过用户的信息需求制定个性化推荐，帮助用户快速发现感兴趣和高质量的信息。比起内容生产者，该平台更倾向于用数据分析的领先者来定位自己，其个性化新闻推荐系统的应用引起了各界的广泛关注和思考。

个性化新闻推荐系统是该平台常用算法之一，具体逻辑是：在用户注册登录后，系统就会根据用户手机位置、使用时间、关注的人、喜欢的内容等信息建立一个用户画像，并为用户贴上数个标签，然后再结合用户曾在该平台上浏览、点赞、评论过的信息，给用户推荐类似的或者用户可能感兴趣的信息，进而实现信息的精准化推送。

随着大数据的快速发展和应用，各平台会根据用户过去喜欢的内容，为用户推荐相似的内容。其原理是平台记录、跟踪用户的浏览历史以及社交记录，对用户信息标签化，分析出用户的社会属性、兴趣爱好图谱等信息，进而推测出用户的信息全貌。其背后的依据是用户会喜欢那些和他们具有相似兴趣的别的用户喜欢的信息，具体表现在以下3点。

大数据算法的3个依据：

①人们虽然在行为方面存在差异，但是也存在与其他个体类似的喜好行为、习惯倾向。

②随着信息科技的发展，越来越多的用户愿意在网络中分享自己的生活，也愿意对其他人的分享做出评价。

③强大的数据处理和分析技术，助力平台为用户提供更加个性化的资讯。

算法释放的新一轮红利不仅可以让品牌了解用户在哪里、他们是什么样子的、对什么产品和事物感兴趣，还能更好地帮助品牌在平台上开展营销，将品牌和产品信息精准地推荐给潜在用户，进而产生更直接的效果。

华为BG（事业群）副总裁马悦曾提出："未来十年将是新ICT[①]蓬勃发展的十年，华为认为新连接、新计算、新平台和新生态将为智能世界2030打造坚实底座。融合共享的数字平台，以其开放高效，使客户在数字化转型过程中能够专注于自身优势的发挥与业务创新，是使能行业数字化转型的关键；基于企业业务战略、架构、策划以及运营打造的一专多能、深度融合的新生态，能够为客户提供更完整的商业解决方案。"新技术和新算法带来新生态，它们在未来的商业市场上也将发挥出巨大的价值，既不断提升用户体验、持续业务创新，又能帮助品牌实现更长远的发展。

2 新流量时代：品牌互联网化，而非"互联网+"

随着互联网的快速发展，传统的营销模式发生了巨大的变化，商家和品牌要想抓住新时代的红利，就要不断改变自

① ICT，Information and Communications Technology，即信息通信技术。

己的思维和方法，充分做好品牌互联网营销。但是不少商家和品牌在做品牌互联网营销时，常常陷入一个误区，就是认为品牌互联网营销即“互联网+品牌”。

“互联网+”代表着一种新的经济形态，它指的是依托互联网信息技术实现互联网与传统产业的联合，以优化生产要素、更新业务体系、重构商业模式等途径来完成经济转型和升级。在新流量时代，算法推荐已经成为各大平台分发流量的重要工具。如果品牌只是通过“互联网+”进行营销推广，必然很难在算法推荐中获得优势。只有在算法推荐的逻辑下，真正实现品牌互联网化，才能获得更多的机会。

品牌互联网化是指将品牌作为一个互联网元素进行推广，常见的是将品牌融入分享知识的图文、短视频和直播中，使其成为互联网优质内容中不可分割的一部分，并借助算法推荐逻辑实现品牌的营销推广。

某知名美妆品牌推出一个全新的美妆视频网站，该网站面向的主要群体是热爱彩妆的95后和00后。该网站每周都会发布10个由社交红人、美容编辑和明星制作的美妆、美发短片，每个视频的时长不超过2分钟。在上线两个月的时间里，该网站有约1.55亿次访问量，网站上发布的产品销量也很可观。

随着线上经济的迅速发展，短视频+直播带货刮起了“强风”，使得越来越多的商家和品牌渴望通过品牌互联网化实现突围。但是，不少商家和品牌在将品牌互联网化的过程中，常会陷入以下几个误区，如图2-1所示。

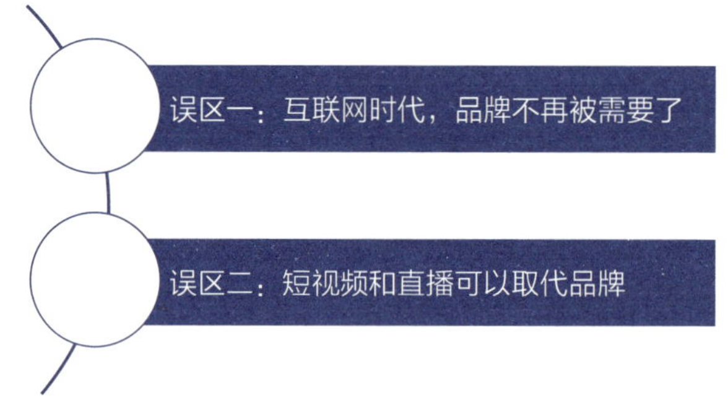

图2-1　品牌互联网化常见的两大误区

误区一：互联网时代，品牌不再被需要了

互联网技术的迅猛发展，在震撼了一批传统的商家和品牌的同时，也让他们产生了一种新的想法，即互联网时代不再需要品牌了。在他们看来，品牌是信息不对称时代的产物，而互联网技术使得信息越来越对称、越来越透明，消费者可以自主地在网络上找到自己需要的信息，所以在互联网时代不太需要品牌来“提示”与消费者相关的产品信息。另外，互联网重塑了消费者与商家和品牌之间的连接，原来喜欢在线下品牌店购物的消费者逐渐向线上转移，不再注重线下的品牌效应。

其实，这一想法是有问题的，任何时代都需要品牌，互联网时代更需要品牌。正是因为互联网时代的信息繁杂，所以更需要独特的具有记忆点的品牌来帮助消费者对信息进行区分，精准地找到自己想要的、需要的产品。

因此，越来越多的传统品牌开始走向互联网化，比如将线下做的事情转移到线上，打通线上线下销售渠道等。同时，也有越来越多的线下消费者开始在网上关注品牌的信息，包括关注品牌的店铺、购买品牌的产品等。可以说，随着整个零售环境的互联网化，品牌作为一种信息简化器，其作用将越来越大，品牌的价值被前所未有地凸显了。所以，互联网时代更需要品牌，也更需要品牌互联网化。

误区二：短视频和直播可以取代品牌

短视频、直播的迅速发展，让不少商家和品牌看到了巨大的商机，于是纷纷转战线上营销。但是，一个籍籍无名的商家或品牌很难通过几分钟甚至几十秒的短视频，或者几个小时的直播带来可观的流量，甚至有时候点击短视频和观看直播的用户都寥寥无几。

即便是大品牌，经过深入研究，我们会发现在直播中能够实现销量暴增的绝大多数都是“大品牌+深度折扣”的类型。在直播的过程中，帮助消费者做瞬间决策的，不仅仅是主播们超强的专业能力和销售能力，更是大品牌在用户心中长期种下的心智认知。无论是效果广告，还是直播间的推荐，其实背后真正依赖的还是“品牌势能”和品牌辨识度。

简而言之，直播和短视频不但不能够帮助新品牌、小品牌打开局面，反而凸显了这种营销模式对品牌势能的依赖。因此，在品牌互联网化的过程中，无论是短视频还是直播都只是一种手段，只有品牌才是真正长久的免费流量和心智工具。

流量的本质是注意力，注意力只能带来短期刺激，而品牌的本质是心智认知，心智认知的建设需要长期努力和关键时间点的引爆。如果商家和品牌只是简单地做“互联网+品牌”，就很难取得良好的效果。相反，将品牌互联网化，才能真正地联动线上线下，在消费者的生活空间中持续不断地曝光，在消费者的脑海中不知不觉地埋下品牌的种子，才能真正助力新品牌的成长和发展。

3 品牌流量：公域流量+商域流量+私域流量

流量对品牌有着非常重要的作用。要想为品牌吸引更多的流量，首先必须了解新流量时代有哪些流量是品牌所需要的。一般来说，有3种常见的流量有助于品牌的成长和发展，即公域流量、商域流量和私域流量，如图2-2所示。

公域流量	商域流量	私域流量
● 商家和品牌通过互联网平台发布内容时所获取的免费流量 ● 例如，短视频平台的曝光量、通过电商平台搜索界面进入到商品页的浏览量等	● 从公域流量划出来，以付费为主要分配标准的流量 ● 例如，社交平台的开屏广告、短视频平台的信息流广告等	● 指的是品牌自主拥有的、无须付费的、可反复利用的、能随时触达用户的流量 ● 例如，微信好友、微信公众号粉丝、小程序、社群、App、品牌会员、微博粉丝等

图2-2　3种常见的流量

（1）公域流量

公域流量，也叫平台流量，它不属于单一个体，而是集体所共有的流量，是商家和品牌通过各类平台，如购物平台、短视频平台、社交平台等平台发布内容时所获取的免费流量。这类流量的特点是流量是属于平台的，商家和品牌入驻后通过搜索优化、参加活动等方式获得流量，例如，短视频平台的曝光量、通过电商平台搜索界面进入商品页的浏览量等。

> 公域流量有以下3个特点：
>
> ①相对容易获取。几乎任何商家或品牌在各个互联网平台发布消息或内容，都有机会被平台分发给其他的用户，从而获取流量。
>
> ②黏性差。即很难再次触达第一次接收信息的用户。
>
> ③稳定性差。即商家和品牌发布消息时的浏览量并不稳定，通常情况下，商家和品牌的影响力与流量成正比。

商家和品牌要想最大化地获取公域流量，就要积极参加各大平台的活动，或者通过自主发起活动或话题的方式去获得公域流量。具体来说，商家和品牌在发布作品时，可以通过添加相关话题标签、添加地址，提高作品在“附近的人”中的曝光率，并链接到其他的平台，获得更多的公域流量。

例如某服装品牌在某平台发布短视频时选择参与平台发起的与服装穿搭有关的话题“就是要你飒”，并且添加相关标签，如服装、穿搭技巧等，最后还选择添加品牌实体店所在的地址，最大化地让更多潜在的用户看到，尽可能多地获得公域流量。

（2）商域流量

商域流量是平台从公域流量划出来，以付费为主要分配标准的流量。本质上，商域流量还是公域流量，只是分配流量的标准变成了以付费为主。例如社交平台的开屏广告、短视频平台的信息流广告等。谁出价高，谁就有更多的机会获取到更多、更好的流量。

> 商域流量主要有2个特点：
>
> ①稳定性强。即商家或品牌可以购买到稳定的流量，具体流量数额可根据购买的金额确定。
>
> ②黏性差。一般只要出价高，商家或品牌就能买到更靠前、更好的展示位置，让目标用户优先看到。但是，用户可能并不会点击，即便点击了也可能不会产生黏性。

要想获得商域流量，商家和品牌除了可以购买开屏广告和信息流广告外，另一种常见且有效的方式是与KOL合作。KOL常常是其所在垂直领域的意见领袖，他们的意见对用户和粉丝有着重要的影响，能有效带动产品的销量，推动品牌曝光。

因此，商家和品牌可根据自己品牌或产品的调性选择符合自身营销需求的KOL进行合作。例如，美妆类的品牌可选择与美妆类、时尚类的KOL合作；服装类的品牌可选择与穿搭类的KOL合作，都可以取得良好的效果。

（3）私域流量

私域流量指的是品牌自主拥有的、无须付费的、可反复利用的、能随时触达用户的流量。相对于公域流量和商域流量来说，私域流量指的是不用付费，可以任意时间、任意频次直接触达用户的渠道，如微信好友、公众号粉丝、小程序用户、社群成员、App用户、品牌会员、微博粉丝等。进入私域流量时，用户已经对产品产生了极大兴趣，想要获得更多的信息，并考虑是否要进行消费。

一般来说，私域流量有2个特点：

①获取难度较大。相较于公域流量和私域流量，私域流量获取的难度较大，筛选和留存精准用户的过程比较漫长。

②黏性高。与公域流量和私域流量相比，私域流量的黏性比较高。用户进入私域流量后，例如，某微信公众号的粉丝、某品牌的会员，一般不会轻易离开。对于品牌而言，就可以将品牌和产品的信息自由、反复、稳定地传递给这部分粉丝。

我们再举一个例子来帮助大家理解公域流量、商域流量和私域流量。

> 某餐饮品牌在某地开有一个店铺，店铺周边有近2万人，那么这2万人就是公域流量。如果该品牌通过广告宣传吸引了2万人中的3000人到店消费，那么这3000人就属于公域流量中的商域流量。到店消费的3000人中又有800人添加了该品牌的微信，那么这800人就是该品牌的私域流量，品牌可以反复通过微信与用户沟通，发布店铺新品和营销活动等，以持续吸引这部分用户消费。

总之，要想让品牌最大化地拥有流量，产生更佳的营销效果，公域流量、商域流量和私域流量都非常重要，它们有不同的特点，对品牌的价值也不尽相同。

4 爆发式增长：只有第一没有第二

在经济领域中有一个马太效应，它指的是一种强者愈强、弱者愈弱的现象，即两极分化现象。新流量时代的品牌同样是强者愈强，大品牌能够通过关注度和资金轻易获得更多的流量，抢占市场份额，但是一些小品牌不但很难通过公域流量引发关注，还没有充足的资金去购买商域流量和私域流量。从用户的角度看，在面对众多选择时，用户一旦内心感到不确定，就会倾向于选择名气更大、更有安全感、信任感更强的品牌。从某种程度上说，在互联网时代，只有第一没有第二，即商家和品牌如果不能拔得头筹，就只能扮演陪跑者的角色。

但是，这并不意味着小品牌、小商家就“回天乏术”，新消费品赛道高速增长，众多新品牌成功引爆的案例也显现出流量的巨大价值。如果小品牌、小商家能够搭乘算法红利的快车，也能获得新一轮的品牌红利。

在2020年，随着直播带货和短视频营销的火爆，很多的商家和品牌见识了转化类广告、效果广告的威力，同时越来越多的品牌也发现流量成本越来越高，变现也并非一件易事。

当品牌没有一定的知名度时，很难获得用户的信任，因为信任源于熟悉和认知。例如，某个用户偶然进了直播间，面对一个他并不了解的品牌，往往很难下决心购买，因为他对该品牌没有信任。相反，如果该用户进入一个他所信任的知名品牌的直播间，他往往只会关注产品是否能够满足自己的需求，价格是否合适等细节问题，这些问题一旦确定，他就会毫不犹豫地下单购买。这也是为什么越知名的品牌做直播或做广告的效果越好的原因。同样价格的互联网广告位，品牌势能不同，效果就会大不一样。

星图数据显示，2020年11月11日当天，某知名牛奶品牌线上销售斩获全平台第一的佳绩，销量同比增长100%。凯度消费者指数发布的《2020亚洲品牌足迹报告》显示，该品牌牛奶凭借91.6%的品牌渗透率、近13亿的消费者触及数，连续5年位列中国市场消费者选择最多的品牌榜首。

对商家和品牌来说，在算法推荐的逻辑下，要想实现爆炸式增长其实并不容易，若是产品本身没有品牌力，可能都无法获得精准推荐，也就很难实现真正的销售转化。因此，商家和品牌要想实现爆炸式增长，就要思考以下几个问题。如图2-3所示。

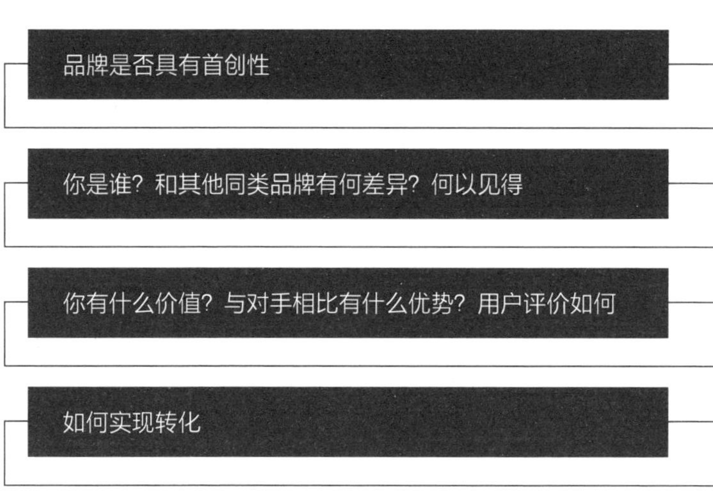

图2-3 实现爆炸式增长需要思考的4类问题

（1）品牌是否具有首创性

品牌定位要具有首创性，才能率先进入消费者的心智。子品牌营销领域有一个共识就是“在市场上只有第一，没有第二。只有成为第一，才能成为市场关注和选择的对象”。对商家和品牌来说，如果不能在品类中做到第一，就要开创一个新品牌成为第一。这样，品牌就能拥有一个良好的起点，而良好的起点就是成功的一半。

（2）你是谁？和其他同类品牌有何差异？何以见得

商家和品牌需要明确地让消费者知道你的品牌主营什么（食品？服装？化妆品？），并向消费者明确你的品牌与其他同类品牌的区别在哪里，以及什么地方可以体现出区别，让消费者对你的品牌产生更深刻的印象。

（3）你有什么价值？与对手相比有什么优势？用户评价如何

商家和品牌在进行营销推广时，需要让消费者知道你的品牌价值点在哪里，与对手品牌相比有什么优势，用户对你的品牌评价如何。例如，某品牌汽水的价值点是“健康”，与其他汽水相比该品牌汽水的配方独具优势，吸引了大量想喝汽水又想保持健康的用户。

（4）如何实现转化

转化是品牌营销的最终目的。因此，无论你的品牌准备如何进行营销推广，都必须考虑如何转化的问题。在新流量时代，品牌可以通过短视频、直播、与KOL合作等方式在实体终端和电商终端引导用户迅速做出购买行为。

综上，在新流量时代，要想实现爆发式增长，商家和品牌在打造新品牌时就要抓住独特性、价值性两个关键点，在开展品牌营销时则要在算法推荐的逻辑下尽可能地获得流量，把有效转化作为关键指标。

5 热度排序算法：初始热度+互动热度−随时间衰减的热度

人们每天都会在各类平台接收到不计其数的信息，包括图文、短视频等，有的短视频（或图文）播放量（浏览量）喜人，轻松上热门，而有的短视频（或图文）的播放量（浏览量）却很惨淡。其实，任何一个上热门或者热度比较高的短视频（或图文）背后都会受到平台的推荐机制影响。

很多平台都有一个热度排序算法，即“初始热度+互动热度–随时间衰减的热度”。商家和品牌要想自己发布的内容能得到更多的流量支持，就要了解并遵循平台的推荐机制。

我们以短视频为例，介绍一下平台的推荐机制以及热度排序算法是如何操作的。

通常情况下，平台的推荐机制从短视频上传开始运作。当短视频上传完成，平台会使用设定好的系统对新投放的短视频进行初审，以保证短视频的基本内容不会出现违规情况。这属于系统性风险检测，是一个绝对硬性的指标，也是短视频的发布者永远不能触碰的底线。

当内容不符合平台规范时，短视频将被退回不予收录，或被限制推荐（限流），严重者会被封号。常见的违规问题包括含广告推广信息、标题党、封面党、低俗、虚假、传播负能量等。如果上传的短视频包含敏感或禁忌内容（包括文字、话题）并被系统识别到，系统就会退回短视频。

除了检测内容外，有的短视频平台还会检测音乐。例如，某短视频平台对音乐进行检测主要有两个目的。一是对该平台没有版权的音乐进行限制，当平台检测出用户上传的短视频中的音乐属于无版权音乐，平台会给该用户发出站内消息，提示其发布的短视频所用的音乐没有版权，已经被限制分享；二是将短视频中使用的音乐打上标签，例如使用了××热门音乐，这也是用户常常会连续刷到使用相同背景音乐的短视频的原因。

当系统判定短视频内容和音乐没有问题，短视频就会在平台上线，系统也会开启第一次推荐。需要强调的是，有的短视频内容虽然没有违规，但是短视频画面与别人的短视频画面相似度太高，此时平台也不会推荐，或者会对该短视频采取低流量推荐、仅粉丝可见或仅自己可见等措施。

（1）首次推荐机制下的初始热度

系统进行首次推荐时，机器会先小范围地推荐给可能会对短视频标签感兴趣的人群，数量在300~500人。这些被推荐的人可能是短视频运营者的通讯录好友、账号粉丝、关注这个话题或标签的用户，以及同城附近位置的用户等。这也是一个短视频的初始热度。通常情况下，初始热度几乎是每一个没有出现违规的短视频都会有的热度，但是该热度初始值较低。

第一次推荐后，系统会根据短视频的播放量以及完播率、点赞率、评论率、转发率等指标判断该短视频是否受欢迎以及受哪些用户欢迎。如果用户的反馈比较好（如短视频的完播率比较高，用户的点赞率、评论率和转发率都很高等），那么系统会判断该短视频在第一个推荐池中的表现为优秀，该视频就会被推送到比当前流量池更高一个级别的流量池中，然后开始第二次推荐。

相反，如果平台在第一次推荐后发现该短视频的反馈并不好，例如短视频的播放量、点赞量和评论量都非常低，那么系统也就不再推荐。没有了平台的推荐，短视频“出圈”的概率微乎其微。

（2）分批次推荐机制下的互动热度和随时间衰减的热度

分批次推荐是指平台对短视频分不同的批次进行推荐。首次推荐给用户后的反馈数据将对下一次的推荐起到决定性作用。如果初始推荐的反馈好，平台就会进行第二次推荐，第三次推荐……相反，如果首次推荐反馈后的数据不理想，平台可能会判定这条短视频不够优质，没有获得用户的喜爱，那么平台就会停止推荐或降低推荐频率。因此，分批次推荐机制的核心是下一次推荐量的高低取决于上一次推荐之后的反馈数据如何。

有的短视频能够达到几十万甚至几百万的播放量，那是因为得到完播率、点赞量、评论量和转发量的层层热度加权，即短视频播放后的互动热度很高，进而被系统赋予更多的流量，推荐给更多的用户。

但是，一个短视频的热度时间是有限的。一般来说，一个短视频的热度维持期为一周，再热门的短视频也会随时间呈现热度的衰减，直至最后热度寥寥无几。

总的来说，热度排序算法是基于人工智能的算法，根据用户的兴趣精准地把用户可能会感兴趣、喜爱的短视频推送给他们，然后再根据内容的初始热度、互动热度决定是否赋予该内容更多的流量，将其推荐给更多的用户。因此，商家和品牌要想获得更多的流量，首先要创作符合平台要求的优质内容以获得较高的初始热度，同时还要通过宣传、推广、联动等策略提高内容的互动热度，以获得更多的推荐，实现最大程度的曝光。

6 内容推荐算法：让你的产品说用户喜欢的话

移动互联网时代，用户的选择非常多。当用户打开一款软件，如果没能快速找到感兴趣的内容，很快就会离开，毕竟对于时间碎片化的用户来说，查找感兴趣的内容的成本很高。因此，对商家和品牌来说，重要的是做用户感兴趣的内容，学会用自己的产品说用户喜欢的话，其中就涉及内容推荐算法。

内容推荐算法可以通过用户在平台上浏览、点赞、评论过的信息，最常观看的内容，借助大数据分析和云计算，推测出用户可能喜欢的内容。例如，某平台就是通过建立用户画像和为用户贴上多个标签，了解该用户最喜欢观看哪一类内容，进而进行相关或相似内容推荐。例如，某个用户时常观看宠物类、美食类内容，那么平台就会更多地为该用户推荐宠物类、美食类的相关内容。

推荐算法既能为内容生产者匹配到精准的用户，又能为内容消费者匹配到感兴趣的内容。

> 某美妆品牌的短视频账号的内容定位是技能分享，主要发布和美妆护肤技巧相关的短视频，因此系统给该账号打上了“美妆护肤”“美妆技能”等标签。与此同时，如果用户最近喜欢观看美妆护肤类的短视频，他的标签也会出现“美妆”“护肤”等关键词，那么系统就会将该账号的短视频推送给关注“美妆”“护肤”的这类用户。

内容推荐算法能有效地帮助用户快速发现感兴趣和高质量的内容，增加用户观看或阅读内容的时长。推荐算法越精准，用户的使用体验就越好，内容就越容易留住用户。这也是为什么了解内容推荐算法对于品牌营销来说非常重要。

当然，这并不是意味着商家和品牌只要按照内容推荐算法创作内容，就能顺利地被系统推荐给潜在用户和相关用户，因为任何平台都更愿意扶持真正踏实做内容的创作者，尤其是持续在垂直领域输出有价值内容的创作者。除了要基于内容推荐算法创作内容，商家和品牌还要持续生产出优质的、大众喜闻乐见的内容，并且巧妙地将自己的品牌和产品信息融入其中。

进一步说，商家和品牌在创作内容时，首先要思考选题方向，明确广大用户对什么样的内容和什么样的表现形式更感兴趣；在明确选题的同时，商家和品牌也要思考如何将产品和品牌的相关信息巧妙地融入内容中。在发布内容时，商家和品牌一定不要忘记使用标签，争取让这些内容被推荐给潜在的用户。

对于商家和品牌来说，如果能够坚持自己的定位并持续输出优质内容，在垂直领域不断精耕细作，就能不断强化自己的标签，并在该类型的内容上提升被推荐的频率，这样系统就会优先将内容分发给具有相应标签的用户，使营销更精准，效果更突出。

7 迭代算法：从无中生有到暗度陈仓

不少商家和品牌乘着互联网和流量的东风，线上市场的成绩也非常亮眼，但是这并不意味着商家和品牌只需要在各个平台上发布优质的内容就能高枕无忧。注意力经济虽然来得快且迅猛，但是当众多的商家和品牌都投入线上平台后，无形间也会分散消费者的注意力。面对这种情况，商家和品牌就要学会借助迭代算法的力量实现突围。

迭代算法是用计算机解决问题的一种基本方法。它利用计算机运算速度快、适合做重复性操作的特点，让计算机对一组指令（或一定步骤）进行重复执行，在每次执行这组指令（或这些步骤）时，都从变量的原值推出它的一个新值。

在新流量时代，迭代算法对商家和品牌营销的价值在于能够不断地趋近最符合实际需求的目标。商家和品牌不能一味地按照自己的喜好或者过去的方式去经营品牌，而是要紧密跟随消费者的需求，了解当下消费者的喜好。

某徽菜品牌在过去的发展中，一直以自己为中心，没有认真研究顾客的痛点，忽视了顾客的真正需求，因此发展道路十分坎坷。后来，该徽菜品牌创始人经过反思，发现做餐饮一定不能以主观思维去思考，而是要从用户思维去解读，品牌才能深入人心。

他们经过对用户需求和消费习惯的挖掘，开始对品牌进行时尚化、精品化升级。比如，优化门店场景，包括对门店的视觉、空间等全方位的迭代，将门店打造成为区域市场里的餐饮首选，进而吸引了更多的新用户，也给老用户带来了不一样的体验。这一创新之举也使其获得“2020年度中国餐饮杰出品牌”。

随着消费不断升级，一个品牌需要思考的已经不仅仅是产品、服务、设计等，而应该从更高维度去思考品牌乃至企业的发展问题，因此品牌一定要具备迭代思维，并且不断地利用迭代算法实现品牌升级。具体策略包括以下几点，如图2-4所示。

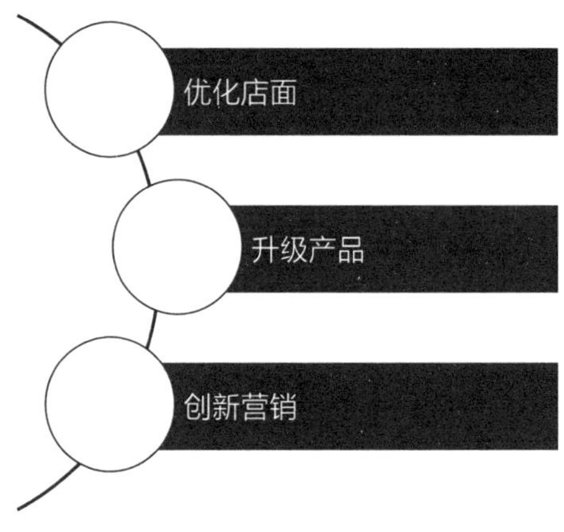

图2-4　迭代品牌的3个要点

（1）优化店面

通常来说，线下门店是消费者认知品牌、感受产品、完成消费闭环的重要场所，因此商家和品牌要优化店面装修和布局，可以根据目标消费者的特点和喜好进行设计。例如，目标消费者是年轻人，那么店面设计也要偏年轻、时尚化，这样更能够吸引年轻的消费者进行消费。

除了线下门店需要做好优化外，线上网店也同样需要。进一步说，线上网店也需要根据目标消费者的需求和喜好进行优化。

> 某服装品牌的目标消费群体是18～30岁的年轻女性，那么该店的首页装修不仅要选择明朗的色彩，还要注意选择符合该年龄段女性喜好的图片，同时还可以选择一些该年龄段女性喜爱的音乐插入到页面中，让消费者打开页面之后立刻产生“是我喜欢的风格”的感觉，进而愿意在该店的页面逗留、选购。

（2）升级产品

升级产品是指商家和品牌不能总是销售“老产品”，而要多探索目标消费者的需求，并根据消费者的需求升级产品，包括产品的种类、包装等。

某服装品牌聚焦羽绒服生产和销售，在保障保暖这一主体功能的同时，主攻年轻人的消费市场。因此，该品牌常常更新升级羽绒服的款式，不断满足年轻人的时尚需求，为品牌注入了强大的生命力。

（3）创新营销

要想在众多的同类品牌中脱颖而出，并不断地吸引消费者，那么商家和品牌就要做好创新营销，通过创新营销模式和不断迭代吸引更多的消费者。具体来说，营销模式是商家和品牌在市场竞争中总结出来的营销要素的最佳组合方式。例如，商家和品牌可以从产品上发力，如主推一款产品，以主推产品带动产品的销量；也可以做线上线下联动营销，将线上优惠转到线下门店消费；还可以通过跨界营销，借力其他领域的品牌优势实现自我突围。

不断迭代要求商家和品牌抓住市场的需求和热点，并通过改造产品和服务不断逼近消费者的需求。值得强调的是，品牌在升级迭代时不能一味地创新，还要把握“哪些可以变，哪些坚决不能变”，定住不能变的，如品牌的内在价值，改变需要改变的，如品牌的外在形象，这样才能真正为品牌带来更强大的生命力。

总之，在剧烈变迁的时代，商家和品牌唯有不断地自我革新迭代，追求系统的、科学的良性增长，以可持续赢利为基础打造品牌，才能真正实现新品牌的疯长。

第3章

重塑：新品牌IP的源动力构造

一个新品牌IP的源动力构造来源于9个方面：价值观、新时代需求、新意识、新决策、新价格、强认识、新的传播媒介、超体验和裂变。

1 价值观是品牌的第一源动力

有人说，事业是否可以取得成效，是否可以长久，排在第一位的影响因素是价值观。这背后隐含的意思是，价值观是品牌发展的第一源动力。我认为这不是一句用来宣传的口号，它能切切实实地对品牌产生长远的影响。

品牌价值观是一个品牌的DNA，它不仅能影响到一个品牌的文化，还会影响到品牌的产品和服务。对一个品牌来说，品牌价值观就是文化软实力的一部分，对推动品牌发展有着至关重要的作用。

价值观代表着企业及其员工的价值取向，是企业在追求经营成果的道路上所推崇的基本信念和奉行的目标。正确且积极向上的价值观一般具有普适性意义，从某个方面反映了美好的企业观、人生观和世界观，对人的行为定向和调节起着非常重要的作用。对品牌来说，一个正确的价值观，对内可以激发企业内的每一个人才充分发挥出主观能动性，创造自己的价值；对外也能树立积极正面的形象，赢得用户的好感。

新时代下，不少品牌实现了从无到有，甚至在短短的几年内由弱变强，或者是在某个机遇的激发下获得新的发展机会。事实上，品牌快速成长的背后也是各方优秀人才、各种深厚文化理念和各种先进管理经验共同作用的结果。

2021年7月，某大型国产服饰品牌因默默捐献价值数千万元的物资驰援河南灾情，引发众多网友的点赞和转发。

该事件引发网友热议的原因在于，该品牌近些年的经营状况一般，但是仍然捐赠了千万元级别的物资，让众多网友深深为之感动。于是，广大网友纷纷下单购买该品牌的产品，表达自己的感动之情。

根据2021年7月24日的报道，短短一天内，该品牌在多个电商平台上的产品，都出现了卖断货的现象，4个直播间的总销售额更是达到2.06亿元左右，同比涨幅高达52倍。

虽然这一事件有偶然和运气的成分，但是也体现出该品牌的价值观——企业的社会责任与公益精神。正如该品牌在它的官网上所说："在企业的快速发展过程中，××××（品牌名，下同）始终肩负企业的神圣使命，积极回馈社会，长期支持环保、教育等公益事业。多年来，公司不仅通过中国红十字会、慈善总会参与公益慈善事业，还专门设立了××××教育发展基金，积极支持本土教育事业。”

该品牌“无心插柳柳成荫”的背后，品牌价值观才是帮助其实现惊人销量的真正武器。广大网友的支持也显示出，他们同样喜爱并支持有着积极正向价值观的品牌。某种程度上说，评价一家企业的好坏，不仅看它的产品是否优秀、售后服务是否到位，还要看它是否担负起社会责任。企业的社会责任主要包括对员工的责任、对消费者的责任、对社会公益的责任、对环境和资源的责任等。

由此可见，在用户的注意力稍纵即逝的互联网时代，塑造正确且积极向上的品牌价值观是打造新品牌的关键一步。值得强调的是，商家和品牌建立价值观的初衷并不是为了取悦用户，因为品牌在践行价值观时，应该越纯粹越好，不应该掺杂直接的商业利益诉求。

2 新时代：市场的真正需求是什么

不少商家和品牌在瞬息万变的动态市场环境中变得无所适从，无论是实体产品还是互联网产品，打动用户都变得越来越难。其实，在新时代下，要想做出让用户接受的产品，最根本的就是要抓住用户的心，了解市场真正的需求是什么。尤其是在市场产品呈现饱和的状态下，要想挖掘出新市场，吸引用户，商家和品牌就要思考用户真正需要什么，企业、创新、渠道、设计等一切因素都要围绕着用户展开，甚至打造产品的过程也一定要有用户的参与。如果不能解决这些问题，企业就很难做出吸引用户的产品。

随着时代的发展，供需关系由过去的“我”（企业）和“你”（用户）变成了“我们”，能够在激烈的竞争中获胜的商家和品牌通常都是依靠用户思维。所谓用户思维，是指商家和品牌跳出产品/运营从业者的角色，从自己的工作中抽离出来，站在用户的视角去共情，并按照用户的习惯去设计产品。在产品设计过程中，商家和品牌主要以用户需求为主，然后用良好的设计满足用户需求，而不是按照功能的逻辑去设计产品。

某品牌西点店点餐单上面的宣传语是“闭着眼睛点，道道都好吃”。虽然这句标语看起来很简单，但是背后却隐藏着用户思维。因为不少人都有选择困难症，尤其在面对众多西点时更是无所适从，但纠结的背后是因为他们想吃到好吃的西点，希望自己没有点错。正是因为洞悉了用户的这种心理，该品牌西点店通过点餐单告知用户“道道都好吃”，既满足了用户的需求，帮助用户解决了问题，也宣传了该店的产品。

某种程度上说，用户思维其实就是最大限度地为用户提供便捷，甚至帮助用户在潜意识中做好选择。对商家和品牌来说，要想拥有用户思维，了解市场真正的需求是什么，就要注意以下几点，如图3-1所示。

建立用户视角	构建消费场景	与用户共创	注重用户体验
● 用户在哪 ● 用户喜好 ● 用户数据	● 洞察细分市场需求 ● 挖掘消费场景数据 ● 强化消费场景体验	● 需求共创 ● 产品共创 ● 评测共创	● 感官体验 ● 情感体验 ● 行为体验

图3-1　了解市场真正需求的4个要点

（1）建立用户视角

无论是设计产品还是生产产品，商家和品牌都需要学会换位思考，即让自己切换到用户视角，进而更深切地感悟用户的想法，包括对产品的需求以及更深层的情感需求。进一步说，商家和品牌要充分理解用户，准确洞察用户需求。具体来说，商家和品牌可以从以下几点了解用户。

1）用户在哪

商家和品牌要想准确探索用户需求，必须明确自己的用户群体是谁，主要集中在什么地方，性别和年龄如何等。

2）用户喜好

用户的喜好有一个完整的体系，比如喜欢吃什么、玩什么、有什么样的审美、有什么样的兴趣爱好等。需要注意的是，“用户喜好”和“用户在哪”必须产生交集，才能创造价值。

3）用户数据

数据可以对用户行为、用户需求进行准确的呈现和预测。某种程度上说，数据有时比用户更懂用户。商家和品牌可以通过数据了解有多少用户喜欢自己的产品，这些用户都是在哪些场景中使用产品等信息。

在知道用户在哪、了解用户喜好和掌握用户数据的基础上，商家和品牌才能锁定自己的用户。

（2）构建消费场景

消费场景，简而言之，就是用户在什么场景下使用品牌的产品、产生特定的需求。在构建消费场景方面，商家和品牌可关注以下几点。

1）洞察细分市场需求

场景被分得越细，就越容易从中挖掘出新的消费场景。商家和品牌需要针对不同用户群体和不同的消费场景，搭建不一样的新的消费场景，然后围绕场景设计与之相符的营销方案。

> 某家居服装品牌将居家服装场景分为睡衣、居家服、厨房用等品类，并围绕这些细分场景设计不一样的营销方案。例如，睡衣场景就设计出城市单身青年辛苦工作一天回家、换上舒服的睡衣休息的画面；居家服设计出的是在外时尚靓丽的事业型女性回家换上舒服的家居服看电视的画面。根据不同的细分场景设计出不同的画面更能够打动潜在的消费者。

2）挖掘消费场景数据

基于消费场景的数据挖掘，商家和品牌可以更加准确地触达目标用户群体，并快速了解每个用户的特点、爱好和习惯，由此为其提供最符合其需求的解决方案，产生真正的用户黏性。消费场景数据一般包括用户的消费习惯、消费频率、消费喜好等，消费者来源城市、消费者年龄/性别比例、消费者消费能力等。

3）强化消费场景体验

如今的消费群体，尤其是年轻用户群体，在消费过程中越来越重视精神层面的满足感。甚至很大程度上说，吸引消费者并使其愿意持续付费的，往往不是产品本身，而是产品所处的场景能够给用户带来的体验，因此商家和品牌要强化消费场景体验。例如，某咖啡品牌不仅制作出美味的咖啡，而且整体的环境十分安静优美，使得消费者愿意持续消费。

（3）与用户共创

在新消费时代，人人都可以参与到产品创造中来。在这个过程中，用户既是消费者，也是创造者。真正的好产品一定不是商家和品牌方独自打造的，而是集用户的想法和智慧，与用户共同创造的。一般来说，与用户共创有以下三种常见的方式。

1）需求共创

商家和品牌积极收集消费者对产品的看法以及需求，深度了解消费者喜欢什么类型、什么口味、什么包装的产品，并针对性地采纳消费者的建议。例如某卤味品牌曾设计了一个有关卤味口味的调查问卷，以调查消费者喜欢什么口味的卤味产品，最终制作出了用户呼声最高的卤味鸡爪。

2）产品共创

用户共创可以贯穿整个产品生命线，从产品研究、设计、测评、推广到销售，几乎每一个环节都可以由设计师和用户共同完成。

3）评测共创

即商家和品牌招募用户进行产品评测，再根据用户的建议和意见，帮助产品进行迭代，输出用户评测报告，为产品做口碑营销和背书。

（4）注重用户体验

用户体验是激发用户做出消费行为的催化剂。能够给用户带来良好体验的产品和服务通常能够打动用户，也是用户真正渴求的产品或服务。商家和品牌可从以下三个方面打造用户体验。

1）感官体验

商家要把自己放在一个普通用户的角度，从视觉、听觉、触觉、嗅觉和味觉方面做出改进，想象什么感官体验才是用户喜欢的。例如，某商家打算新推出一款甜点，就可以把自己放在一个普通用户的视角去思考“如果我在这家店消费，我想要吃什么甜点”。

2）情感体验

商家要从用户精神需求和情感需求出发，满足用户需求，注重产品细节，打造有温度的、贴心的产品。例如，某母婴品牌从妈妈的视角出发，在设计产品时极其注重产品细节，最终设计出来的产品获得市场一致好评。

3）行为体验

商家要让用户觉得这款产品简单、好用，能够满足用户的需求，这才是用户购买商品的根本驱动力。例如，某厨房用品品牌设计产品遵循“简单、好用”的原则，抛去了复杂的设计，反而吸引了大批的用户。

从某种程度上说，新时代有三个典型的产品需求，即产品要代表文化、代表生活、代表未来。

代表文化是指真正具有内涵的、有价值的东西；代表生活是指有生活情趣、生活乐趣，与人们日常相联系；代表未来是指有新潮先进的思想、朝气蓬勃等。要想让品牌具备这3个方面的内涵，品牌运营者就要学会通过品牌给消费者一个理念、一个支点，让消费者与自己一起丰富品牌的内涵和生活化的气息，并且让消费者一起参与到品牌的未来发展之中。

总之，在新时代下，要想真正吸引用户，关键在于商家和品牌要思考市场真正的需求是什么，并使用用户思维去真正解决这一问题，进而为品牌创造源源不断的吸引力。

3 新意识：信息生活化催生生活化IP

在移动互联网时代，信息不再总是以严肃的形式出现，而是开始变得生活化，当人们打开手机，可以随时随地通过各种App获取信息。2020中国消费者专项调研显示，人们获取信息的主要渠道类型，排名第一的是短视频，第二是社交媒体，第三是门户网站/新闻资讯，第四是官方媒体，第五是电视新闻，如图3-2所示。

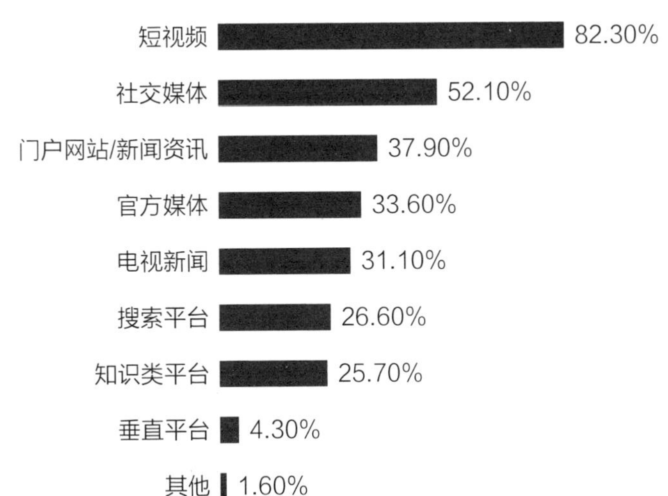

图3-2 中国消费者获取信息的主要渠道类型

数据来源：2020中国消费者信息专项调研，N=9800。

可以看出，相比以前，人们更愿意以短视频、社交媒体、新闻资讯的方式获取信息。越来越多的用户利用数字媒介不断充实着自己的日常生活和工作。在信息获取方面，用户的目标不只局限于学习，寓教于乐成为很多用户的追求。在这之中，兼具学习和娱乐属性的短视频媒体逐渐成为很多用户最主要的获取信息的工具。

例如，某科普短视频账号通过几分钟的趣味科普短视频，将原本门槛较高、晦涩难懂的理论知识，以更直白易懂、有趣生动的方式展示出来，既能让用户获得乐趣，又能帮助用户增长知识。

这些变化都说明信息正在逐渐生活化，进而催生了很多生活化的IP。很多商家和品牌、个人创作者会在短视频平台上或者社交平台上持续创作生活化的内容，包括美食、美妆、时尚、娱乐、情感等领域。

“××评测”账号的所属人是国际化学品法规专家，拥有10年出入境检验检疫局实验室检测工作经验。他将长达10年的工作经验运用到对生活中物品的评测当中，如化妆品、护肤品、食品等与人们生活密切相关的物品。每期评测内容精炼实用，有干货，也具有说服力，因此深受用户喜爱，在各个平台收获千万级的粉丝。

可以说，生活化IP正以其通俗且具有实际价值的内容被广大的消费者接受和传播，因此，商家和品牌在重塑品牌时，也可以将IP生活化，为品牌发展助力。通常可以采取以下两种方式。

（1）创作有价值、优质的内容

生活化IP并不等于品牌自说自话，只拍摄一些日常生活或工作片段。生活化IP同样需要商家和品牌围绕想要表达的主题去创作有价值、优质的内容。

某羊毛衫品牌在某平台创建了一个企业号发布短视频，短视频的内容以羊毛衫科普知识和羊毛衫穿搭技巧分享为主。在每一个短视频中，他们会告诉用户什么是好的羊毛衫、好的羊毛衫的特点是什么、如何挑选羊毛衫，以及如何通过巧妙的搭配将羊毛衫穿出时尚感等。因为发布的短视频风格轻松活泼，内容有用且贴近生活，该企业号在短短一年的时间里就收获了50多万喜欢羊毛衫的忠实粉丝。

就像羊毛衫品牌以羊毛衫科普知识和羊毛衫穿搭技巧分享为主题，持续创作优质内容以吸引广大用户一样，任何生活化IP的商家和品牌都要有创作价值性内容的意识，而不是随意创作。

（2）语言通俗易懂、内容生动有趣

因为生活化IP更贴近用户的日常生活，因此语言通俗易懂、内容生动有趣，能够快速吸引用户十分重要。进一步说，商家和品牌要注意以下3点。

1）通过叙事带入吸引用户

相较于一开始就介绍产品的性能，用叙事的方式更容易让用户感兴趣。例如常见的生活化IP——测评类的内容通常在开头加入叙事性的内容，这不仅能自然地引出产品，还能扩大用户群体。

2）将真实体验融入场景

例如羊绒衫品牌可以在视频里展示具体的使用产品的情景和方式，不仅能直观表现产品特性，还能够增强视频的看点，让内容更加生动有趣。

3）突出人设和风格

具有突出的人设和风格不仅可以让品牌的IP和同类IP区别开来，还能因为极具吸引力而让用户更为关注，是生活

化IP形成差异化的一大利器。因此，商家和品牌在打造生活化IP时，一定要突出人设和风格，让用户产生深刻的印象。

总之，随着信息生活化催生着生活化IP，同时品牌与生活的相关性也越来越强，聚焦商业场景及用户生活场景的品牌越来越多，而这类品牌具有天然的亲民度，更容易得到用户的认可和追捧，因此非常有利于打造品牌、销售产品。商家和品牌不要总是以“高大上”的形象去面向互联网用户，不妨尝试通过打造生活化IP为品牌吸引更多的流量。

4 新创造：决策比选择重要

在打造品牌时，重要的是决策，快速决策更能抢占先机，否则机会就会在你犹豫的时候流失掉。尤其是想创建一个新品牌时，脑海中道路千万条，不如实际行动第一条。

在创建一个新品牌时，商家和品牌需要在以下4点迅速做出决策。如图3-3所示。

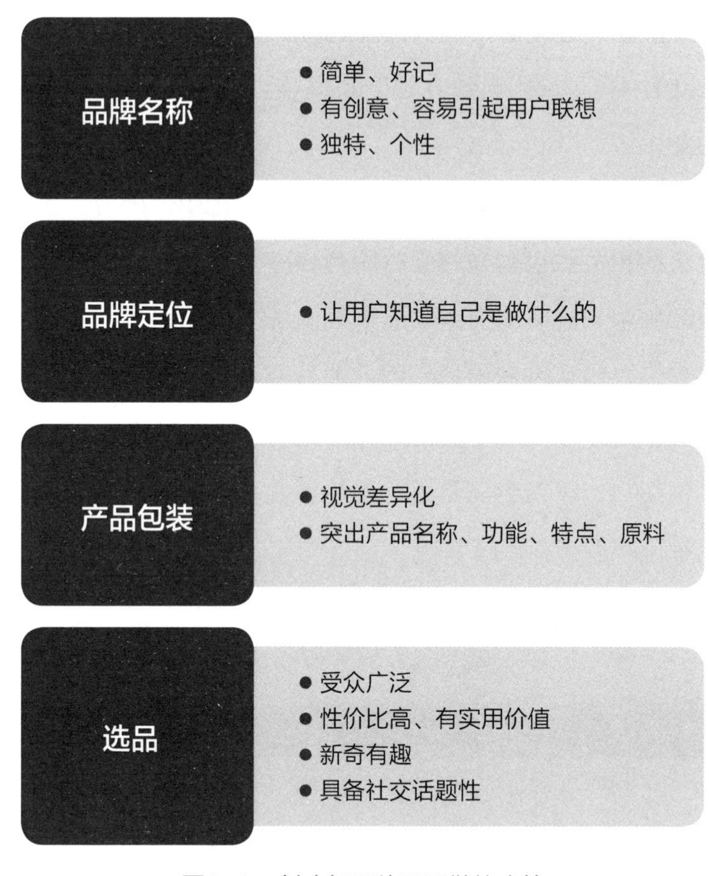

图3-3　创建新品牌需要做的决策

（1）品牌名称

对于一个新品牌来说，容易被用户记住是很重要的。品牌名称是否简单好记，直接影响用户能不能轻松记住品牌，能否做到只看一眼品牌名称也能随口说出来，或者再看到就有熟悉感。尤其是在信息碎片和多元化的新流量时代，让用户记住对新品牌来说甚至是关乎生死存亡的大事。品牌名称要想被用户记住，商家和品牌具体要注意以下3点。

1）简单、好记

要想做到简单、好记，有一个最基本的要求就是品牌名称要避免生僻的词汇和发音，避免复杂的拼写。

2）有创意、容易引起用户联想

常见的方式是通过谐音来命名。例如，某服装品牌“衣衣不舍”谐音“依依不舍”，既能引发用户联想，又能让用户更快地记住该品牌。

3）独特、个性

独特、个性强调的是品牌名称能够传达品牌或产品自身所具有的突出的特点或者价值观等信息。例如，“美肤宝”“乐献”等。

（2）品牌定位

在品牌定位环节，商家和品牌只需要明确一件事情：让用户知道自己是做什么的，相当于品牌的口号，让用户看见品牌定位时就能看见品牌所属的领域和产品的功能。

某美妆品牌的品牌定位是“美肌肤，给你好看”，用户可以从这句口号中了解该品牌属于美妆领域，产品效果可以柔美肌肤。

（3）产品包装

对于一个新品牌来说，设计一个精致漂亮或有个性的产品包装也非常重要。包装设计会潜在地影响消费者对产品的感受。在设计产品包装时，商家和品牌要注意以下2点。

1）视觉差异化

视觉差异化的目的是吸引用户，形成记忆点。例如，产品包装用色大胆，个性化十足，却又不失品位，这种视觉差异化就会十分吸引用户。

2）突出产品名称、功能、特点、原料

产品的包装和产品的名称呼应，能够让用户在看到产品的时候，在潜意识中加深对产品功能和卖点的印象，甚至让用户自然地将其与产品的功效联想在一起。

（4）选品

选品也是决策中的重要一环，好的选品不仅是成功的关键，还能更好地宣传品牌，带动产品销量。尤其是在新流量时代，越来越多的商家和品牌借助短视频和直播去做营销，但并不是意味着商家和品牌要将所有的产品都直接放到短视频或直播中去展示、销售。因为用户的注意力是有限的，只有让他们真正感兴趣的产品才更容易吸引他们。因此，商家和品牌在开展品牌营销时，一定要选择一些合适的产品打头阵。

通常来说，合适的产品包括以下4种。

1）受众广泛

受众广泛的产品有一个明显的优势就是任何一个人都有可能是其潜在用户，这也意味着同时有很多用户会关注该产品甚至产生购买需求。

2）性价比高、有实用价值

性价比高往往是用户在消费时产生的一种感觉。在产品质量相近的前提下，这种感觉一般是通过价格来体现的。商家和品牌在选品时，一定要多选择性价比高、有实用价值的产品，这会给用户一个强有力的购买理由，尤其是通过短视频、直播带货进行营销时，性价比高、有实用价值的产品更能打动用户。

3）新奇有趣

从心理学的角度说，人们都有猎奇心理。猎奇心理是受众心理的一种，即要求获得有关新奇事物或新奇现象的心理状态。当看到一个新奇、有趣的事物时，人们会产生一探究竟的心理需求。所以，新奇有趣的产品往往也有着出乎意料的效果。

4）产品是否具备社交话题性

社交话题性主要表现在用户在社交媒体上传播的话题点，具体包括产品包装、联名款产品、产品相关的故事、创始人故事、产品味道等。

总之，新创造的核心在于创新，创新的核心在于决策。无论多么出彩的创意，如果不能快速决策并使之得到有效执行，都有可能胎死腹中。从一个创意到一个品牌，创始人需要在品牌名称、品牌定位、产品包装和选品4个方面快速决策并推动执行。

决策速度是非常重要的，商家只有通过快速的决策，并且让决策得到有效执行，才能得到更好的发展效果。商家和品牌需要在品牌名称、品牌定位、产品包装和选品等流程进行快速决策。

5 新产品：重新定义价值属性和营销属性

产品是维系消费者和品牌的重要纽带。商家和品牌需要通过产品去吸引消费者，获得收益；而消费者也同样因为产品认识商家和品牌，进而成为商家和品牌的粉丝，进行持续消费。但是在新消费时代，并不是简简单单地将一个产品给消费者就够了，单纯具备功能属性的产品已经很难满足当下消费者的需求，也很难吸引他们购买，商家和品牌还需要关注和开发产品功能之外的价值属性。

也就是说，产品一定要“新”。这里的新主要体现在产品的价值属性和营销属性，具体是指在新渠道和新媒体的配合下，通过一些独特的营销策略赋予产品新的价值，并通过这些营销策略带给消费者全新的感受，让其在众多的产品中变得独一无二。

（1）产品的价值属性

产品的价值属性是指附着在产品上的看不见的、摸不着的，与精神性相关的价值。通常来说，产品的价值属性表现在以下3点。

1）愉悦感

很大程度上说，购物能够给人带来愉悦感。人们喜欢通过购物消除烦恼、犒劳自己，尤其随着经济能力和消费能力的不断提升，越来越多的消费者开始转变消费理念，从功能性消费向追求高品质生活转变，“悦己消费”正逐步成为主流消费模式。

所谓“悦己消费”，即消费者通过消费来取悦自己，提高自身的幸福感。大到购买名牌皮包，小到购买一件饰品，消费者现在更愿意在最大消费能力范围内取悦自我。因此，相对于传统的具备某种功能的产品来说，能够让消费者在购买和使用的过程中产生强烈的愉悦感的产品在新消费时代将具有更强的竞争力。

例如，同样是羽绒服，传统的羽绒服只要具备保暖的功能就可以吸引消费者购买，而新时代的羽绒服在保暖功能之外还需要通过设计具备时尚感，让消费者穿着该羽绒服时因为变得“更好看”而感到愉悦。

2）信任感

人是有社交需求的，而产品又是人们在拓展社交时的重要连接点。具有社交属性的产品通过传递某种特殊的情感，帮助人们建立信任关系。例如，家人、朋友、情侣之间互赠的礼品，这些带有亲情、友情、爱情等性质的产品在人与人之间流动，信任关系也常常因此建立起来，同时也实现产品购买与情感交流的无缝对接与相互促进。例如，与朋友相约吃火锅也具有极强的社交属性。因此，新时代的产品开发也可以从信任感入手。

3）仪式感

以前很多人的消费观念以性价比为主，常常也只是购买自己需要的产品。但是新时代的消费者更愿意追求仪式感。例如，消费者喜欢购买精致的餐具、茶杯、咖啡杯等，这些都是追求仪式感的体现。这些充满仪式感的消费成为人们生活中的调味品，也为产品赋予了更多的附加价值，让消费者愿意持续消费。因此，商家和品牌可以通过为产品设计某种仪式感来吸引消费者。例如，某咖啡品牌的宣传语是“下雪天，就要喝一杯热热的咖啡，暖暖心，更暖了整个冬天”，以此创造了满满的仪式感，吸引消费者购买咖啡。

基于以上3个价值属性，商家和品牌在做产品时，一定要有让产品给人带来愉悦感、信任感和价值感的意识，并通过产品宣传语的方式将产品的价值属性表现出来。

（2）产品的营销属性

产品的营销属性是指通过各种营销方式，让产品具备畅销、热卖的因子，通常包括以下5点。

1）热点

热点是指商家和品牌借助热点展开营销。例如每年的情人节，与爱情相关的品牌都会借助这一广受关注的热点做营销，宣传产品，带动产品销量。玫瑰花品牌会开展如“玫瑰归你，你归我”的促销活动，钻石品牌会打出如“214，来真的”的宣传语。

2）情感点

情感点是指商家和品牌借助情感营销，包括亲情、爱情、友情等，让消费者因感动而对产品产生更多的好感。例如，某钻石品牌的广告语“一生只能定制一枚”就抓住了爱情情感点——忠贞不渝，将品牌和产品与忠贞不渝的爱情紧密地联系在一起，进而吸引了广大的消费者。

3）卖点

卖点主要指产品具有的前所未有、别出心裁或与众不同的特色、特点。例如某矿泉水品牌的水源来源于世界优质冰川融水，纯净健康，以此为卖点吸引消费者。例如，某饮料品牌的“文案瓶”也是一个独特卖点，通过饮料上有趣生动的文案吸引众多的年轻消费者购买。

4）裂变点

裂变点是指商家和品牌通过补贴、福利、发红包等方式吸引消费者参与裂变，进而吸引更多的消费者。例如，某咖啡品牌通过低价和补贴的方式去吸引消费者，促使消费者裂变。消费者只需要分享就能获得一杯咖啡，而通过朋友分享新认识品牌方的消费者也能获得一杯咖啡，吸引了众多的消费者参与。

5）节点

节点主要指各种节日点，包括春节、情人节、三八妇女节、中秋季、重阳节等，商家和品牌借助各种节日为产品做营销。除了已经存在的传统节日外，商家和品牌还可以自己创造节日开展营销活动，例如“店庆节”“新品节”等。一些电商平台创造的“双11”“双12”“618”等节日，也成为各大商家和品牌大展拳脚的舞台。

产品的营销价值也是构成新产品的重要因素，尤其在互联网营销时代，商家和品牌更要借助新营销方式销售产品，一方面让产品能够紧密联系热点、情感点、节点做营销，另一方面也要通过卖点、裂变点不断更新营销手段，最大化地让消费者对产品建立关注度，并购买产品。

总之，在新消费时代，商家和品牌要重新定义价值属性和营销属性，让产品“新”起来，一方面赋予产品更吸引人的价值内涵，另一方面也要借助当下的营销点提升产品销量。

6 新价格：现在进行时等同于价格

定价是一门学问，也是一种营销手段，一款产品能否被消费者接受，很大程度上取决于定价。随着用户获得产品信息和产品的方式越来越快捷，产品的价格竞争也越发激烈。在新流量时代，商家和品牌要采用新价格策略。这里的“新”是指根据产品当下的目标受众确定价格。

为什么成本差不多的女包，在品牌专卖店可以卖十几万元，而在普通店铺可能只能卖几千元？同样的一瓶水，在路边便利店可能只卖2元，西餐厅却卖20元？问题的根源在于产品当下的目标受众不同。换句话说，价格的高低不取决于成本，而是取决于消费者如何定义这个产品的价值。

消费者衡量一个产品价格的高低，其实是在衡量这个产品价值的高低，也就是说，消费者为产品买单，本质上是为“产品给自己带来的价值或感觉”买单。这里的价值具有功能、社交、精神等功能。消费者对产品的价值认知，才是决定产品价格最根本的因素。

例如，在普通的便利店，消费者对一瓶水价格的接受程度可能只在2元左右，但是在消费水平相对比较高昂的西餐厅，消费者对一瓶水价格的接受程度也会随之升高，可以达到20元。

虽然价值决定价格，但是价值是个虚无缥缈的东西，看不见摸不着，大部分消费者并不十分清楚产品的价值到底有多少，所以价格就成了衡量价值最方便、最直接的工具。

因此，商家和品牌在根据当下的目标受众确定产品价格时，有一个重要的方法就是塑造一个感知价值，让消费者相信产品物有所值甚至物超所值。例如，某款普通饮料可能只能卖到3元，但是某款功能饮料可以卖到7元，因为功能饮料在消费者心中有提神醒脑的功效，可以帮助要加班、要考试的人补充能量。所以，很大程度上说，价值高低不是一个绝对的数字，而是消费者心里的一种模糊感受。

除此之外，商家和品牌还可以通过产品的包装、服务、售卖场景和消费体验等提升产品的价值。消费者会愿意付溢价去购买让他们愉悦的产品。例如，包装简陋的茶叶和包装精致的茶叶的价格可能会相差非常明显，但是包装精致的茶叶确实更能让用户产生一种茶叶更名贵、更上档次的感觉，进而愿意购买该茶叶。

综上，商家和品牌在定价格时，一方面可以依据产品的实际价值对产品进行定价，另一方面也可以参考产品的功能、包装、服务、消费环境和消费体验等因素对产品进行定价，但是无论采取哪种定价方式，都必须有“根据产品当下的目标受众确定价格”的意识，以消费者对产品的价值认知为参考，确定出一个合理的价格。

7 新增量：多元效应，放大效应，协同效应

在新流量时代，全行业都在竞争流量，各种新消费品牌如雨后春笋般地出现。另外，随着社交平台的快速更迭，用户的注意力也变得更加碎片化、多元化。这些迹象都表明流量的存量博弈时代已经到来。

在这场存量博弈中，品牌营销面临着全新的发展方向和考验。一方面，市场上品牌众多，行业也进入深耕细作时期，大大地提高了品牌用户的转化难度；另一方面，品牌的数据孤岛致使用户画像模糊，使得商家和品牌获得用户信息愈发艰难。因此，面对存量竞争下的增长困局，要想最大化地获得流量，商家和品牌就要做好新增量。换句话说，“增量+存量”才是新生代品牌发展的重要动力。

增量是指新获得的流量，存量是指已有的或者商家已经积攒的流量（包括各个平台的粉丝等）。“增量+存量”是指商家和品牌要最大化地保留已有的存量，同时努力去获得增量。为此，商家和品牌要构建营销矩阵。

通常来说，有两大常见的营销矩阵，即横向矩阵和纵向矩阵。其中横向矩阵指商家和品牌在全媒体平台的布局，也可以称为外矩阵；纵向矩阵主要指商家和品牌在某个平台布局多个账号，也可以称为内矩阵。例如，商家可以在微信平台同时布局订阅号、服务号、社群、个人号及小程序。

在构建横向矩阵和纵向矩阵的过程中，商家和品牌可以使用以下3个效应。

（1）多元效应

多元效应是指商家和品牌针对不同人群的兴趣圈层，有选择地创作垂类的内容宣传品牌、吸引粉丝关注，进而销售产品。例如，某一品牌针对喜欢时尚、旅行、漫画的人群，分别设立不同的账号，以扩大不同维度的人群圈层。多元效应一旦形成，就有助于减少运营成本，也有利于提高品牌的内容溢价能力。

总之，商家和品牌一定要有账号布局的意识。

首先，商家和品牌可以在多个平台上创建同名账号，即多平台账号矩阵。例如，某商家在时下热门的短视频平台、社交平台、购物平台都开设了同一名称的账号。

其次，商家和品牌也可以在同一个平台上开设多个不同内容的账号，即单平台账号内容矩阵。例如，某图书品牌在某平台上开设多个账号，包括“××（品牌名，下同）职场”“××读书实验室”“××电台”等。从账号名称上看，这些账号名称有一定的关联性，能够帮助用户识别，同时也有助于形成竞争优势，扩大账号的影响力。

（2）放大效应

放大效应是指商家和品牌在同一个平台创建纵向账号矩阵，既可以借助粉丝多、流量大的账号帮助粉丝少、流量小的账号引导流量，同时也可以将不同类型的内容发布在不同的账号，传递给更多的用户。

某坚果品牌在某短视频平台上有一个粉丝数量120万的账号，除了母账号外，还有其他一些子账号，如XX的日常、XX的花花小世界等，这几个子账号从助理的视角分享坚果品牌的日常生活，每个账号都有其独特的内容风格，一方面丰富了该坚果品牌有趣、活泼的形象，另一方面子账号也会在母账号的评论区进行评论，或者使用母账号直接点赞、转发子账号的内容，相互引导流量。

（3）协同效应

协同效应是指同一矩阵下账号形成一个类团体组合，账号内容相互串联，并相互引导流量，其目的是让品牌的价值最大化，为品牌寻求更大的曝光量。

协同效应与放大效应有一定的相似之处——账号间相互引导流量，但是协同效应更强调的是不同平台的产品及调性可以形成互补。例如，微信公众号以图文内容为主，微博以140字内的“短篇文字+照片”内容为主，抖音以15秒到1分钟的短视频为主，同一个品牌在不同平台的账号之间可以相互引导流量。

总之，商家和品牌可以通过建立多平台账号矩阵和单平台账号矩阵、流量大的账号为流量小的账号引流、同一矩阵下的不同账号形成了一个组合，盘活存量，获得增量。

8 强认知：抢占市场，先抢占消费者心智

在心理学上，心智是指人们对已知事物的沉淀和储存，通过生物反应实现动因的一种能力总和，它是人在复杂的环境中做出的一种习惯性的选择，某种程度上是为了保护自己。用户心智，即用户的记忆和认知，能影响用户的想法及对他所使用的产品的相关行为。

在消费者行为学上有一个5A法则，即感知（aware）、吸引（appeal）、询问（ask）、行动（act）、支持（advocate）。消费者在了解产品时被吸引，会产生我想要的想法，之后会主动询问，在得到想要的信息后做出行动，最终会主动向身边人推荐。基于5A法则，商家和品牌要想抓住用户、抢占市场，抢占用户心智是非常重要的事情。随着买方市场的到来，供过于求的情况越来越突出。当消费者想要购买某款产品时，会有许多产品能满足他的需求。例如，消费者想要购买一款吸尘器，他可以在社交平台、购物平台搜集到很多款吸尘器的信息。对商家和品牌来说，重要的就是在众多产品之中，如何让用户选择自己的产品，甚至让用户在想买某种产品的时候首先想到自己的产品。

从人的记忆力角度说，人的记忆是有限的，在众多品牌中一般只能记住出现在他眼前的前2～3个品牌，之后再出现的品牌，用户可能就会记不住或者想不起来。

当用户心智中某个品类的格子最多只能装下3个品牌时，这就意味着无数的商品要去争夺那3个格子。如果现在3个格子已经满了，其他品牌要想进去，就必须挤掉现有品牌的位置。

当某个品牌占领用户心智之后，用户有需求的时候，就会第一时间想到该品牌。某种程度上说，没有什么比用户有需求的时候第一时间想到自己的品牌更重要。

> 某农产品品牌的广告语是：天下第二好吃的桃子。虽然这句广告语看似平常，但是它不仅留有悬念，让人容易记住，并且会引起用户的思考。因为用户在看到这个广告语时，心里想的是："为什么是天下第二好吃的桃子而不是天下第一好吃的桃子呢？天下第一好吃的桃子又是谁呢？"一旦用户产生疑问，就会加深该广告语在用户脑海中的影响，从而记住这个品牌。

让用户记住该农产品品牌的关键还是它背后蕴藏的营销策略——通过定位抢占用户心智，当它将自己定位在"天下第二好吃"，就成功地在桃子这个品类中撕开一个口子，并占据了一个格子。

其实，抢占用户心智已经成为品牌营销的主战场。很多商家和品牌都意识到了抢占用户心智的重要性。例如，某洗发水品牌的“去屑实力派，就是×××（产品名）”就是充分使用了抢占用户心智的方法，让有头屑烦恼的用户在购买洗发水时能够第一时间想到该品牌，并认为该品牌的洗发水能够解决自己的头屑烦恼。

在抢占用户心智方面，商家和品牌可以采取以下策略。如图3-4所示。

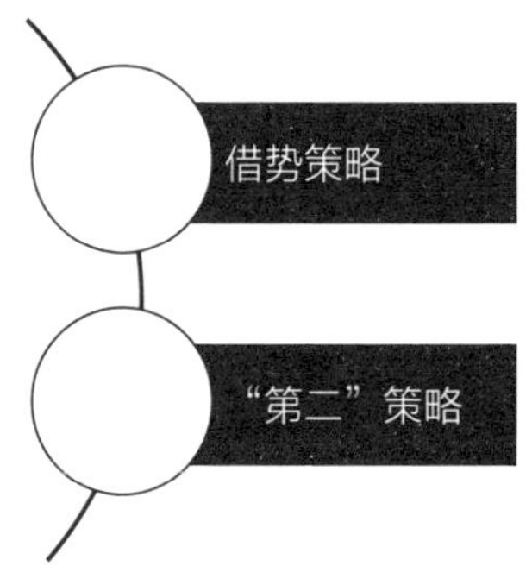

图3-4 抢占用户心智的策略

1）借势策略

借势就是将自己的产品跟用户心智中代言品类的品牌挂钩，借助代言品类的品牌挤进用户心智中该品类的格子。例如，某白酒品牌的广告语是“××××（酒品牌名），塞外茅台”，就是将把自己的产品和知名的白酒品牌挂钩，从而在用户心智中抢占了一个位置。

2）“第二”策略

强调“第二”的策略是通过设下悬念，激发用户的好奇心，进而让品牌进入用户心智。例如，我们前面提到的“天下第二好吃的桃子”。

总之，商家和品牌需要意识到：要想抢占市场，首先要先抢占用户心智。一旦占领用户心智，就等同于在用户心中埋下了消费产品或服务的种子。用户在产生购买需求时，首先会想到该品牌并且极有可能选择该品牌的产品，进而实现品牌宣传和销售的目的。

9 易传播：媒介决定品牌传播方式

在以前，四大传统媒介有报纸、杂志、广播、电视。后来出现了新的媒介——互联网。

其中，报纸、杂志等又可以被称为“静态媒介”，主要指利用报纸、杂志、海报等静态媒体进行品牌营销活动，如报纸广告、杂志广告、附送广告、广告式订单、街头海报、体育场广告牌、城市巨幅广告等。静态媒介的主要优点是价格低廉、方便储存、传播面较广并且能够做到有针对性的传播。但是静态媒介的缺陷也很明显，比如传播速度慢、信息易失真、表现方式呆板、互动性差、影响力小等。

广播、电视可以叫作“动态媒介”，即通过富有动感的现代化视听媒体来开展品牌营销活动。一般动态媒介具有传播面广、传播速度快、信息传递准确等优势，能够促进品牌更快速地传播，提升品牌影响力。但是，动态媒介需要花费大量的金钱成本，所以对于刚成立的商家和品牌来说，使用这种品牌推广方式的成本过于高昂。

随着网络媒体的迅速发展，信息传播媒介也发生了变化，数字媒介开始成为品牌营销的主要工具。常见的数字媒介有：网上广告、网络商店、网络购物、网络软文、短视频、直播等，如图3-5所示。这种品牌营销方式不仅成本低，传播速度还很快，而且互动性也非常高，能够让用户更快速地认识品牌，进而提高品牌的影响力。

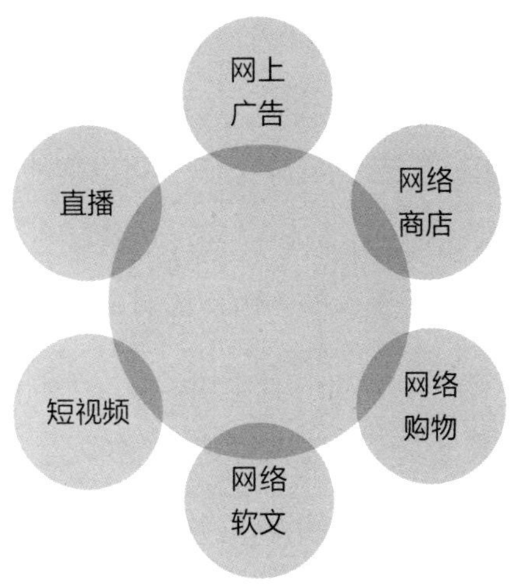

图3-5　网络品牌营销常见的方式

《2021年中国网络视听发展研究报告》显示，截至2020年12月，我国网络视听用户规模约9.4亿，2020年网络视听产业规模突破6000亿元。我国网络视听用户规模，较2020年6月呈现增长，网民使用率为95.4%。2020年6—12月，我国新增网民约4915万。其中，25.2%的新网民因使用网络视听类应用而接触互联网，短视频对网民的吸引力最大，20.4%的人第一次上网时使用的是短视频应用，仅次于即时通信，排在第二位。这些数据都显示出线上经济的强势。

与此同时，更多的商家和品牌在短视频平台、社交平台上开通企业号，宣传自己的品牌和产品。在一些平台上，企业号拥有官方企业标识、企业直播特权、智能剪辑工具、零门槛开通购物车、昵称唯一、商家主页、全昵称搜索置顶、粉丝标签管理等功能特权。这些功能特权不但有助于增强品牌的官方权威性，建立起用户对品牌的信任感，还可以帮助商家和品牌推广产品，吸引更多有价值的用户，实现在线成交。

在新流量时代，有意向的用户群的关注力变得碎片化、多元化，许多新媒体和App代替了过去的传统传播平台，使得品牌的传播方式也发生了极大的变化。相较于传统的线下传播媒介，线上传播媒介具有更广泛的品牌传播效力、更简短的交易促成路径。因此，越来越多的商家和品牌入局线上营销，通过入驻各大短视频平台、社交平台，打造自己的线上传播媒介进行品牌营销。

但网络信息纷繁复杂，企业如果想让自己的品牌和产品第一时间被用户找到，就要有一套适合自身品牌和产品定位的品牌营销方案。所以，对于刚刚成立的企业，建议找专业的品牌营销机构帮忙运作。

总之，数字媒介的迅速发展正在改变品牌的传播方式，尤其是短视频和直播的发展更加速了当下高互动性和高全息度化的社交发展，未来，将会有越来越多的品牌在短视频和直播的助力下，呈现指数级的增长。

10 超体验：强化品牌为用户带来的服务感受

在营销时，商家和品牌一定要注重“品效合一”，“品”是指品牌传播效果，“效”是指销售业绩效果，“合一”是指在品牌宣传的同时实现了销售。也就是说，商家和品牌既要提高品牌的声量，又要提高产品的销量。

要想实现这一诉求，关键还是要在用户身上想办法。一款产品对于用户有没有价值，很大部分原因在于它能否满足用户的需求，解决用户的问题。产品具备有用性是抓住用户的基础，但是除此之外，商家和品牌还需要带给用户不一样的东西，即带给用户超体验。尤其是在竞争激烈的互联网时代，用户面临众多选择，在想要购买一款产品时，一经搜索就会出现几十上百种产品。如何让用户在众多产品中选择适合自己的产品？答案就是品牌要通过服务为用户带来某种超体验。

然而，很多商家和品牌对服务的理解可能还停留在销售过程中为用户提供茶水，销售之后及时发货，产品报修时及时维修等层面。事实上，服务的范围远远不止于此。服务的本质是通过某种方式带给用户良好的、愉悦的感受。因此，强化品牌为用户带来的服务感受首先体现在愉悦的情感体验上。换句话说，要想实现品效合一，创意、互动和参与感缺一不可。

> 某饮料品牌在初入市场时，为了能够最大化地吸引用户的关注，增强用户对自己的好感，他们设计了一条广告语：“XX可乐，中国人自己的可乐。”正是这条广告语帮助该品牌在竞争激烈的可乐市场成功地打开了局面。

为什么这条广告语会产生如此大的影响力？关键在于它给用户带来了超体验，“中国人自己的可乐”强调了爱国情怀，激发了用户强烈的爱国情感，这种情感带给用户不一样的体验，因此他们记住了这个新品牌，同时也愿意购买该品牌的产品。

这背后也反映出了广告的情感价值——通过提供精神愉悦来强化品牌给用户带来的服务感受。情感广告是着眼于用户的情绪或情感反应，传达商品带给他们的附加值或情绪满足的一种广告策略。这种情绪在用户心目中的价值可能远远超出商品本身，这种附加值能给用户带来某种情感体验，促使用户形成积极的品牌态度。

除了情感体验，商家和品牌也可以做好产品创新，关注用户在使用产品前后的体验，以此带给用户好的消费体验。

某火锅品牌以给用户带来优质的用餐服务而备受好评。

用户在该火锅店等位置时，可以享受到免费的茶水、零食、美甲服务、擦鞋服务、眼镜布、头绳、玩具等。这些服务很好地抓住了用户在等位时的触点体验，减少了用户在等待时所产生的烦躁和无聊感。用户在用餐时，也会享受到该火锅店周到贴心的优质服务，比如服务员总是一路小跑，以最快的速度满足用户需求。

正是因为这些超体验的服务让该火锅品牌一骑绝尘，成为火锅领域的知名品牌。

除了火锅店这种服务行业的品牌，其他行业的品牌同样也要注重品牌为用户带来的服务感受。例如，某家居品牌在各地设立多个服务网点，与专业服务机构建立合作，委托他们为用户提供专业、细致的服务，时刻保持与用户的有效“沟通”，总是以专业、详尽、耐心的态度服务消费者，收获了不少好评。

总之，要想强化品牌为用户带来的服务感受，商家和品牌就要带给用户超体验。这里的超体验既可以是给用户带来的良好的、愉悦的感受，也可以是为用户提供优质、周到、贴心的服务，让用户觉得物超所值。

11 再裂变：持续打造品牌势能

移动互联网时代的去中心化和碎片化的传播，帮助很多品牌实现了更加精准和多元的用户互动以及品牌传播。伴随着新流量的巨大影响，很多新品牌以强劲的发展速度迅速崛起。对于刚刚崛起的新品牌来说，如何持续打造品牌势能，让品牌本身吸引流量，在用户的脑海中留下难以磨灭的记忆，将是品牌必须面对和解决的问题。

品牌势能是品牌价值和用户感知之间存在的一种相对关系，即相对价值。品牌势能可以从品牌获得的口碑和讨论热度中得到客观反映，代表了品牌在用户心中受欢迎的程度。

在新流量时代，商家和品牌打造品牌势能最重要的是找对源点人群。源点人群不是泛泛的用户，而是品类消费的高势能人群。他们可能是某一品类的专家或重度消费者，也就是我们常说的KOL。KOL有着相对庞大的粉丝基础，并且能有效引导粉丝的购买行为。KOL认可和消费某个新品牌，将会辐射其他消费群体，影响他们的购买决策。商家和品牌与对口的KOL合作，能够有效影响到更多的潜在用户，带动产品销量增长。

某奶茶品牌就是通过源点人群成功积蓄了品牌势能。该品牌的目标用户是以“90后”为主的年轻消费群体，他们在购物消费的过程中更看重体验和消费的格调。于是，该品牌首先邀请源点人群——KOL在朋友圈和社交平台发布自己消费奶茶的场景，粉丝在KOL的带动下积极分享，与该品牌进行内容共创。此外，该品牌从产品的包装到实体店的装修均参考源点人群的意见，打造了符合目标用户喜好的消费氛围，成功吸引目标用户到店消费“打卡”。这些做法很快就使该品牌在目标用户群中迅速传播，形成了强大的品牌势能。

《2020短视频内容营销趋势白皮书》显示：大牌与白牌的市场机会和空间将会进一步释放，而作为品牌信息传递的中枢，KOL均参与其中。头部KOL仍是品牌造势、节点营销、产品预热等环节不可缺失的合作伙伴；但尾部KOL的价值也将得到深度开掘，成为大牌维系品牌热度，促成销售转化最为经济、实用的选择。可见，无论是对于新品牌还是想要重塑品牌价值的老品牌来说，和KOL合作都是持续打造品牌势能的重要策略。

一般来说，根据KOL的影响力我们可以将其分成3类，即头部KOL、腰部KOL、底部KOL，如图3-6所示。不同类别的KOL对品牌传播的价值不同，所以在打造品牌势能的过程中，商家和品牌要根据具体的需求选择和不同的KOL合作。

头部 KOL	腰部 KOL	底部 KOL
• 粉丝量级基本是百万级、千万级 • 主要价值是为品牌背书 • 合作费用非常高，一般新品牌难以承担	• 粉丝量级在30万~100万 • 主要价值是通过主动发布或转发品牌信息（包括直播内容、短视频、图文等）的方式对品牌进行推广和宣传 • 合作费用相对高昂，适合营销周期内合作	• 粉丝量级多在10万~30万 • 主要价值是以普通用户的身份推荐和宣传品牌 • 合作价格相对比较实惠，适合品牌需要大范围引爆话题的阶段

图3-6　3类KOL及其特点

（1）头部KOL

一般来说，头部KOL的粉丝量级基本是百万级、千万级，他们的主要价值是为品牌背书。背书主要是指撑腰、积淀、说明、证明等。

> 某家具品牌邀请粉丝数量达3000万的行业头部KOL为其品牌背书——转发、评论该品牌发布的短视频。凭借着该KOL的庞大粉丝基数，该品牌发布的短视频获得了超30万的转发量、超3万的评论量和约20万的点赞量。同时，该KOL还通过发布一系列短视频和直播的方式为该品牌背书，使该品牌在目标用户群中建立了良好的口碑。

头部背书是指商家和品牌找重量级的KOL制造话题，为品牌的爆发式传播“撑腰”。尤其是新品牌，可以通过与头部KOL合作，在短时间内让众多的用户知道该品牌和产品。在品牌传播中，头部KOL因为粉丝多、影响力大，因此背书能力强大，非常适合为品牌背书。特别是一些形象正面积极的头部KOL，更是能够引起大量粉丝自发转发、宣传和购买由其背书的品牌产品。

但是，头部KOL合作费用非常高昂，一般来说新品牌难以承担。

（2）腰部KOL

腰部KOL指粉丝量级在30万～100万的KOL，他们的主要价值是通过主动发布或转发商家和品牌的信息（包括直播内容、短视频、图文等）等方式，对品牌进行推广和宣传，引导自己的粉丝购买产品，实现成交。

腰部KOL的优势在于选择性多，性价比高，价值高。相对来说，腰部KOL的粉丝黏性更高，对于中小品牌而言是很好的营销选择。与此同时，腰部KOL也存在以下劣势。

①人数众多，通常合作的人力成本也相对高昂。

②对品牌来说，如何快速为项目匹配到适合的腰部KOL、如何同时跟多名KOL联络、如何同时管理合作的腰部KOL并维护好关系等，都是难点。

通常，商家和品牌可以请腰部KOL在营销周期内，批量、持续性地在自己的社交账号，包括社交平台、购物平台、短视频平台发布品牌和产品的相关信息。通过众多腰部KOL账号的持续转发分享，会形成“自来水”一样不间断的助力，进而为品牌和产品引爆更多的流量，持续打造价值势能。

（3）底部KOL

底部KOL粉丝量级多在10万～30万，他们的主要价值就是以普通用户的身份，去推荐品牌和产品。虽然底部KOL的影响力和内容创作能力有限，但是他们数量庞大，是信息扩散、引流的主力，也是商家和品牌在做裂变，持续打造价值势能的过程中不可缺少的一部分。他们的劣势在于比较分散，粉丝黏性一般。

通常，他们通过“好物开箱”“好物分享”“好物推荐”“好物清单”等方式为品牌或产品引流。与头部KOL和中部KOL相比，底部KOL的合作价格相对比较实惠，所以商家和品牌可以批量地与底部KOL合作。

总之，商家和品牌要想持续打造价值势能，可以通过与以上3类KOL合作，以裂变的方式将产品影响力辐射到更多的人群，既引爆话题和带来持续的热度，又真正实现产品销量的增长。

第4章

构建：新品牌必须具备的10个价值

对于新品牌来说，要想在众多品牌中脱颖而出，获得广阔的成长空间，必须围绕消费者的需求和体验构建足够的价值感。

1 马太效应：树立匹配消费者需求的新观念

消费者在消费的时候，通常更愿意选择公认的质量好、服务优、知名度高的品牌。这也意味着如果品牌的知名度较高，流量就比较多，价值就比较高；如果品牌知名度较低，流量就比较少，价值也比较低。这就是马太效应在品牌影响力上的表现。

马太效应是一种强者愈强、弱者愈弱的现象。在品牌传播中，马太效应使得知名品牌、大品牌达到一种赢者通吃的状态，具体表现在知名品牌、大品牌会获得80%的流量，而剩下的20%的流量则分摊给80%的普通品牌。如图4-1所示。

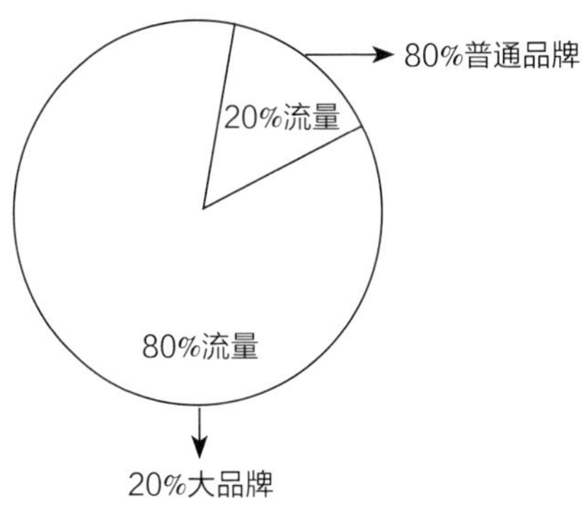

图4-1　马太效应在品牌传播中的表现

以牛奶品牌为例，在等价的不同品牌中，能够被消费者首先接受并消费的是常见的、名气大的牛奶品牌，它们占据了该目标市场的绝大部分份额，而那些不知名的、不符合消费者价值观的牛奶品牌只占据了很小的市场份额，甚至会逐渐被知名度高的牛奶品牌替代。那些深陷“马太效应”，知名度低的小品牌将会逐渐被消费者遗忘。

对于新品牌来说，马太效应并不友好，因为这极大地提升了新品牌被消费者接受的难度。因此，新品牌既要破除马太效应的魔咒，通过树立匹配消费者需求的新观念为品牌抢占一席之地；又要发挥马太效应的正面效用，通过持续提高品牌知名度的方式为品牌赢得更多的发展空间。

（1）突出重围：树立匹配消费者需求的新消费观念

要想有效破除马太效应的魔咒，在众多品牌中突出重围，新品牌就要改变消费者因为从众效应、首因效应建立的旧观念，树立匹配消费者需求的新观念。

从众效应是指个体遭受到群体的引导或施压，从而怀疑并改变自己的观点、判断和行为，朝着与群体大多数人一致的方向变化。首因效应是指交往双方的第一印象会对今后交往关系产生重要的影响，甚至决定以后双方交往的进程。由于受到这两种效应的影响，消费者常常会选择大多数人选择的、好评率高的产品，或者选择自己第一眼就喜爱的产品。

以化妆品为例，不少消费者喜欢购买大牌的、大家都在购买的化妆品品牌，因此新化妆品品牌要想在市场中突出重围，获得一席之地并不容易。要想改变这种情况，新品牌就要通过树立匹配消费者需求的新观念并打破消费者的旧观念，比如大品牌宣扬悦人夺目的化妆理念，新品牌可以宣扬新时代女性对节省化妆的成本和时间的需求，主推多功能化妆品，从而从众多化妆品品牌中脱颖而出。

对新品牌来说，要想抢夺消费者的目光就要学会重新定义品牌和产品，包括品牌理念和产品的颜色、气味、形状等。需要注意的是，这种重新定义并不是盲目定义，而是通过洞察当下消费者的新需求、潜在需求寻找市场缝隙，然后再通过梳理匹配消费者需求的新观念引起消费者的关注和共鸣，突出重围。

（2）拓展空间：持续提高品牌知名度

随着新流量时代的到来，“渠道为王”的巨头垄断时代已经过去，以人为中心的“用户为王”成为商家和品牌争夺市场的普遍共识。对于经济实力不足的新品牌来说，要想拓展生存空间，唯有借助新的营销模式持续提高品牌知名度。

通常来说，新流量时代的新营销模式由场景、IP、社群、传播4个核心维度构成，这在第一章第六节的“新营销：新品牌成长的重要助力”已经做了具体的阐述。这里，我们强调的是商家和品牌要积极地借助新的营销模式去接触用户、吸引用户，不断地通过图文、短视频、直播带货、与KOL合作、种草等内容促进品牌传播。这也是即便市场上已经有相关的产品，新品牌仍然能够抢占一席之地，并且让消费者能够持续买单的重要途径。

总之，马太效应对于新品牌来说，既可以是魔咒，也可以是动力引擎。新品牌只有破除固化思维的效应，建立强大的竞争力，积蓄绝对多的品牌资产，全面提升品牌的软硬实力，才能在激烈的市场竞争中突出重围，获得更广阔的发展空间。

2 交易效用：幸福＝效用÷欲望

在街头花5元钱就可以买到一杯咖啡，但是在高楼耸立的商业区，很多人却愿意花几十元到品牌咖啡店里喝一杯咖啡，顺便享受优质环境带来的休闲时光。这就是交易环境对消费者的影响。交易环境包括产品的包装、购物环境、他人评价、自身经验、商家服务等因素，这些因素综合在一起可以增强或削弱消费者的幸福感，同时也使消费者对同样的产品给出不一样的心理价格。深究其原因，是交易效用在发生作用。

交易效用理论由诺贝尔经济学奖得主理查德·塞勒（Richard H. Thaler）教授提出。他曾经设计了一个调查问卷。该调查问卷设计的问题场景如下：

在炎热的海滩上，你非常想喝一杯凉爽的啤酒，恰好此时你的同伴需要去附近的电话亭，可以帮你看看附近的便利店是否可以买到凉爽的啤酒。请问你最多舍得花多少钱买一杯啤酒呢?

他让一组人回答这份问卷，最后统计出的平均价格是1.50美元。然后他把这个问卷中的“便利店”改成“附近的一家高级度假酒店”，把新的问卷交给另外一组人做，并请他们出一个最高价钱。改动后统计出的平均价格是2.65美元。

通过这两组实验，塞勒得出结论，通常情况下，人们会更宽容地对待高级度假酒店里商品的高价，即便商品对自己的实际价值未变，人们也愿意在高级度假酒店里支付更高的价格购买该商品。

效用是指消费者通过消费使自己的需求、欲望得到满足的一个度量。我们可以用一个公式来表达：幸福=效用÷欲望。也就是说，效用越大，欲望越容易满足，幸福指数就越高。交易效用是指产品的参考销售价格和产品实际成交价格之间的差额的效用，获得交易效用是消费者产生购买行为的根本原因。在一个交易过程中，交易效用越高，消费者觉得越划算，越满足，也越愿意买单。如图4–2所示。

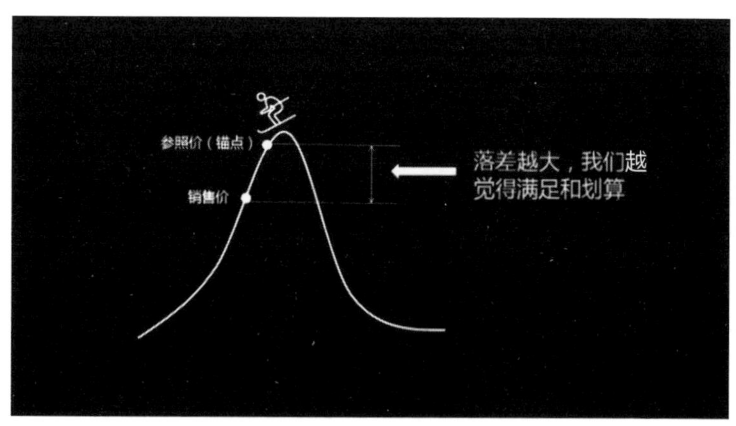

图4–2　交易效用原理

> 交易效用的公式：
>
> 交易效用=参照价格−产品售价

参照价格也叫锚点，是消费者在交易过程中，受到交易环境影响而愿意给出的心理价格。这个锚点可能是产品的外包装、门店的位置、门店的环境、门店的理念等相关因素。因此，商家和品牌要想提高新品牌的交易效用，可以采取以下策略。如图4–3所示。

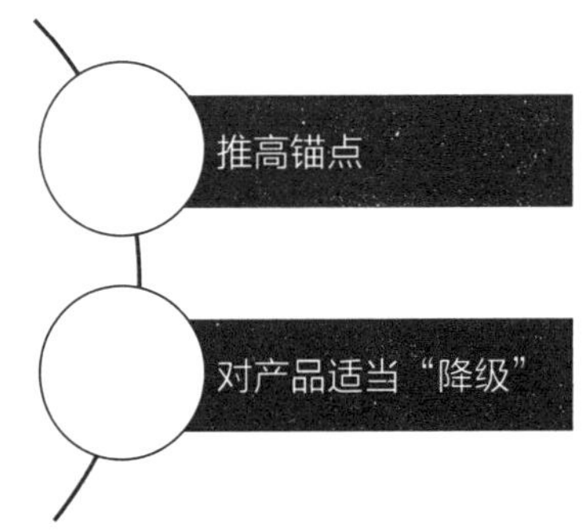

图4–3　提高品牌交易效用的策略

（1）推高锚点

推高锚点是指商家和品牌通过对产品、服务或环境做出一些创新性的改变，制造差异化的、独特的、能够给用户带来更优质服务的消费体验，这一行为能有效吸引更多的消费者进行消费。

以某茶饮品牌为例，即便市场上各种茶饮品牌层出不穷，但是该品牌仍然突出重围，快速成长为行业翘楚。根源就在于，该品牌在产品的包装、外观和口感、消费环境等方面做出了创新和改变。在产品包装上，该品牌打造了“奶茶+软欧包”的形式，让消费者在喝奶茶的同时还能够享受到美食；在产品的外观和口感上，该品牌制作的奶茶颜色鲜嫩，口感清甜，极受年轻消费者的喜爱；在消费环境上，该品牌打造了契合消费者需求的环境，例如，有的店铺色彩以粉色为基调，再搭配浅紫、淡蓝等同一色系，既能让主要消费群体——女性消费者产生亲切感和认同感，又能吸引她们持续消费。

该品牌凭借这些创新的设计给消费者带来了不一样的消费体验，成功推高了锚点，提高了品牌的交易效用。

通常来说，新品牌可以通过提升产品的包装、产品的口味、门店的环境、门店的服务、门店的经营理念等方式推高锚点，让消费者产生一种物有所值甚至物超所值的感觉，进而提升消费者的幸福感。一旦消费者产生了强烈的幸福感，品牌的交易效用就会得到提升。

（2）对产品适当的“定价降级”

除了推高锚点外，新品牌还可以在维持一个“高锚点”的同时，对产品适当地进行“定价降级”，让消费者感觉很划算，从而提高品牌的交易效用。

> 大型购物中心的商品一般会让消费者产生“高端”“大牌”“高消费”“有品质”的印象，从而接受它的“高价高质”。
>
> 当消费者默认商场的品牌和商品都以高价出售时，消费者在商场内的任何店铺获得的交易效用是无差别的。因此，要想在这些品牌和商品中脱颖而出，品牌运营人员可以从对产品进行适当“降级”着手。例如，某服装品牌入驻大型购物中心，其商品的设计风格时尚，品质维持在一个不错的水准，店铺环境也明亮有品位，但是商品的价格却比其他品牌要低一些。相较于该购物中心的同类品牌，该品牌会带给消费者一种物美价廉的感觉，因此交易效用会迅速得到提升。

消费者在购物时的想法往往是复杂且多变的，尤其当消费者对某款产品无法作出准确的判断时，往往会根据品牌和产品的交易效用决定是否购买该产品。所以消费者会因为店铺处在繁华的商务区、消费环境舒适、咖啡杯设计得很有个性而愿意花几十元购买一杯成本可能只有几元的咖啡。交易效用的高低不仅体现在价格层面，更体现在品牌和产品能否带给消费者物有所值甚至物超所值的幸福感。

对新品牌来说，要想在短时间内让消费者认识到品牌的价值，就要努力提高自身的交易效用。尤其在消费升级的大趋势下，新品牌更需要通过“推高锚点”让原本处于价值低维度区、有广泛需求的产品，有着不一样的发展空间，而对于原本处于价值高维度区、饱和竞争的产品则可以通过“定价降级”的方式，让利给消费者，开辟出新的事业版图。

3 边际成本：高性价比与低边际成本

在经济学范畴里，边际成本被定义为“为了做某一件事情所必须付出的代价”“边际成本是指额外多生产一单位产品需要付出的成本”。“边际”这个词，可以直接理解为“每多一个”，边际成本就是每多一个的成本，边际收益就是每多一个的收益。基本上所有与边际有关的概念都可以通过这种方式理解，如图4–4所示。

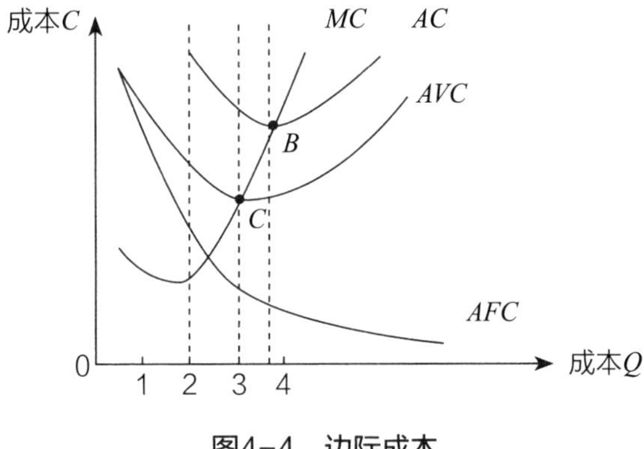

图4-4　边际成本

为了让大家更好地理解什么是边际成本，我们用一个更通俗的例子解释这一经济学名词。

> 某汽车品牌生产第一辆汽车所耗费的成本非常高，因为第一辆车所用到的原材料是最新的，并且还存在试错成本。此外，该品牌生产第一辆汽车的人工成本也是最高的，因为一辆汽车在从无到有的过程中不可能由一个人完成所有的生产作业，需要很多人协同工作。但是，当该品牌生产第100辆汽车时，所用的成本就会低很多，生产第10000辆汽车时的单辆车成本则会更低，因为生产汽车的设备、团队都已经搭建完成，随着汽车生产数量的增加这部分的成本会不断降低，同时试错成本也会不断降低。

从汽车生产的案例中我们可以了解到，一款产品或者服务，在被开发的过程中所耗费的成本是巨大的，包括设备成本、研发成本、试错成本等。但是，一旦产品被成功地开发出来并开始量产，单个产品的成本就会逐渐下降。对于消费者来说，单个产品的成本越低，售价就会越低，性价比就会越高。

对于新品牌来说，想要提高品牌价值，快速抢占市场，努力降低边际成本、提高产品的性价比是非常重要的。

> 某杂志社的某款杂志有两种定价方式，即电子版59元、纸质版125元。但是，该杂志的销量并不理想，因为消费者觉得纸质版太贵，而又不太愿意接受电子版。于是，该杂志的营销人员重新设计了一个定价方案，即电子版59元、纸质版125元、电子版+纸质版125元。新的定价一经发布，该杂志的销量大涨，大多数消费者选择的是“电子版+纸质版125元”的定价方式，因为消费者觉得第三种价格具有较高的性价比。尤其是与同样卖125元的纸质版相比，消费者认为选择第三种定价方式有一种占便宜的感觉。

毫无疑问，绝大部分的消费者更加偏好高性价比的产品。对新品牌来说，要想在吸引消费者的同时又最大化地降低成本，就要让产品或服务兼具高性价比与低边际成本。

一般来说，提高产品的性价比、降低边际成本可以通过以下3种方式实现，如图4-5所示。

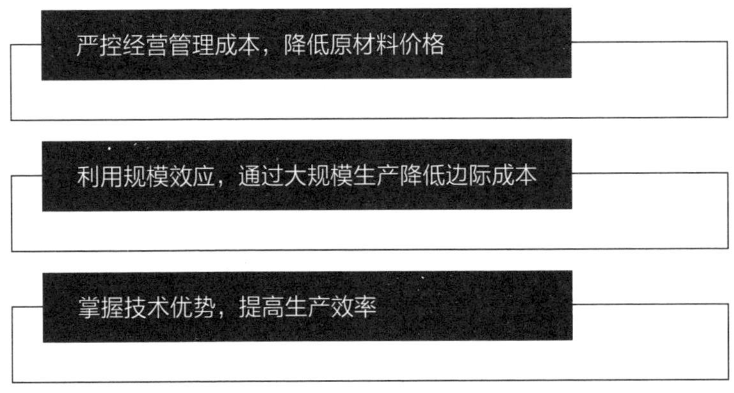

图4-5　提高产品性价比的方法

（1）严控经营管理成本，降低原材料价格

新品牌要把钱花在刀刃上，不花费任何一笔不必要的开支。具体来说，商家和品牌应严格控制经营管理成本，尤其是新品牌不要将原本就不够充裕的资金用来壮大企业规模或者培训管理层，而要将资金用来寻找靠谱的、性价比高的供应商，以最大化地降低原材料价格。一旦原材料价格较低，在保证质量过关甚至优质的前提下，那么商家和品牌制作出来的产品售价也会随之降低，既能有效地提升产品的性价

比，又能更好地吸引用户。

（2）利用规模效应，通过大规模生产降低边际成本

以电器品牌为例。当新品牌的生产规模达到年产10万台的时候，该款电器的售价可以定在生产规模5万台以下的成本价以下，当生产规模达到20万台的时候，售价可以定在规模10万台以下的成本价以下，以此类推。随着生产规模的不断扩大，边际成本将会不断降低，该款电器的售价也会不断地降低，其性价比也就不断地提高。

（3）掌握技术优势，提高生产效率

科学技术是第一生产力。新品牌可以通过革新生产技术提高产品的产量，以降低产品的边际成本，提高产品的性价比。同时，掌握最新的生产技术对于品牌来说也是一种核心竞争力。

需要注意的是，虽然高性价比可以帮助新品牌快速吸引消费者，获得一定的流量，但盲目追求高性价比也是不行的。高性价比会导致消费者在进行购买决策时把关注点放在产品的基础价格和功能效用上，从而忽视品牌的其他价值。如果新品牌吸引的消费者只想“占便宜”，一旦竞争品牌提

供更低价的产品，这些流量就会转移流失。

因此，虽然高性价比对消费者来说具有较强的吸引力，但是一个新品牌如果只能在低价区徘徊，缺乏更高维度的品牌价值，就会失去定价权，从而陷入“价格战”这种低层次的竞争。对新品牌来说，更重要的是一方面通过创新和创意设计出独特的、具有核心竞争力的产品，另一方面通过大规模量产来降低边际成本。

4 强供应链：让新品牌持续发力

不少新品牌在构建和运营阶段，常常将关注点放在产品本身，却忽略了产品背后的供应链。其实，这种行为会带来很大的隐患。在新流量时代，不少品牌借助短视频或直播营销，通过一个短视频或者一场直播就可以销售几万件甚至几十万件产品，从而使该款产品成为爆品。对品牌来说，这当然是一件好事，但是不少品牌面对这种爆品会出现产品库存不足、供应链无法有效供给等情况。如果这些问题无法得到妥善解决，将会给新品牌带来毁灭性的打击。事实上，不少新品牌都是没有供应链的，更没有能力去组建自己的供应链。在这种情况下，新品牌想要实现可持续发展几乎不可能。

供应链是指通过对商流、信息流、物流、资金流的控制，从采购原材料开始，到制成中间产品及最终产品，最后由销售网络把产品送到消费者手中的一个由供应商、制造商、分销商、零售商和用户所连成的整体功能网链结构。

供应链管理是指，在满足一定的客户服务水平的条件下，为了使供应链运作达到最优化、成本最低时间最短，而将供应商、制造商、仓库、配送中心和渠道商有效地组织在一起，来进行的产品制造、转运、分销及销售的管理方法。完善的供应链管理可以让品牌用最低成本获取最大的利益，同时又可以提高品牌的工作效率和生产效率。很多新品牌都是通过供应链管理来连接供应链上的其他品牌，从而保证自身正常运转，例如，某农产品品牌通过上游的物流企业销售了几十吨柚子。

另外，优质的供应链分工十分专业且细化，不同环节都是由不同的品牌组成的，而不只是由某一个品牌来承担所有的环节。

例如，一个汽车品牌不可能去制作汽车所需要的所有零件，它要先从零件供应商处采购原材料，然后将各种原材料组装在一起制作成汽车，再把汽车销售给渠道商，由渠道商最终销售到消费者手中。可以看出，在这条供应链中，涉及供应商、渠道商、消费者等，并不只有一个参与方。

因此，在构建新品牌时，商家和品牌除了要对产品进行全面的考量，还要关注产品背后的供应链。强大的供应链管理是新品牌保持旺盛生命力的关键。尤其是在新流量时代，越来越多的商家和品牌借助短视频、直播带货提升品牌影响力和产品销量。因为无法预估某条短视频或某场直播的流量将会带来的销量，因此商家常常会在供应链方面出现各种问题。尤其是对于缺乏经验的新品牌来说，短视频、直播等营销方式是一把双刃剑，既是机遇，同时又隐藏着巨大的风险。新品牌的创始人要想抓住机遇、规避风险，就要重视供应链的价值，关注供应链管理中的以下几个问题。如图4-6所示。

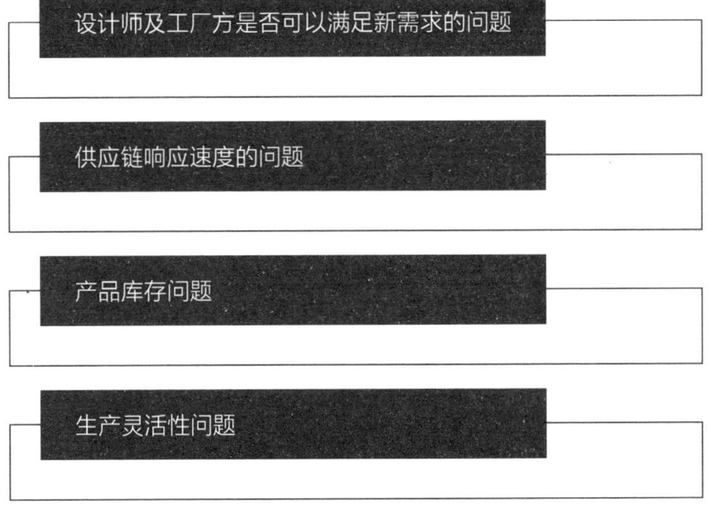

图4-6　有关供应链需要关注的4个问题

（1）设计师及工厂方是否可以满足新需求的问题

不少新品牌创始人想做与众不同的、符合自己理想需求的产品，这时创始人需要思考设计师及工厂方是否可以满足自己新需求的问题。

首先，创始人要寻找适合的、符合期待的设计师，并向设计师清晰、明确地表达自己对理想产品的设想，包括产品的样式、颜色等。

其次，创始人要带着设计师设计出来的产品去找工厂方，明确工厂方是否能够制作出图纸上的产品。如果工厂方能够满足自己的需求，则与工厂方展开下一步行动。相反，如果工厂方不能满足需求，则需要寻找其他的工厂方，直至达到目的为止。

（2）供应链响应速度的问题

不少品牌都会通过预售、众筹的方式进行产品预销售，这种情况下很可能会出现一款产品猛然加单的情况，当预售从1万到5万，甚至10万，工厂应如何快速反应和交货？品牌方需要做出哪些应急的准备和思考？以某服装品牌为例，他们的一款产品从设计到店里售卖最快是13天，因为该品牌通过数据化打通了从研发到销售的各个环节，可以迅速了解销售端的情况和消费者的直接反馈。因此，商家和品牌需要提前思考并准备好应对措施。

（3）产品库存问题

新品牌创始人要了解所有产品的库存数量如何，是超额、饱和，还是库存数量不足，并将每款产品的库存量记录在册，标记出库存不足的产品。在发现库存量不足或者库存产品因质量问题（例如过期）而无法保证正常供应后，要有相关的处理方案。除了要确认是否能够获得充足的货源，新品牌还需要进一步跟供应链确认快速补货的方式，是就近从仓库向品牌方调货，还是采取在线补货的方式等。

（4）生产灵活性问题

新品牌在不被市场上大多数消费者了解的情况下，很可能一开始并没有多少订单，因此商家和品牌也需要考虑生产灵活性问题，即一开始的起订量定在多少比较合适。

总之，强大的供应链可以有效保证新品牌持续发力。新品牌的创始人需要了解自己的品牌和产品的上下供应链可能存在哪些问题，并解决好这些问题，进而让品牌发展无后顾之忧。

5 参考价值：品牌的创意与内涵

伴随消费升级，消费者购买产品从更多地关注品牌的使用价值，变为更多地关注品牌的符号价值、文化精神特性和形象价值，即品牌的参考价值。所谓参考价值是指参考已有的某种现象或者某些信息获得的启发。对于新品牌来说，参考价值主要体现在创意和内涵两个方面。创意和内涵对新品牌的发展十分重要，它可以让品牌在激烈的市场竞争中脱颖而出，既能在快速传播中吸引广泛的关注，又能让品牌更深入人心。

（1）如何提升品牌的创意

消费者常常被新颖、新鲜、有意思的事物吸引，这对新品牌来说是绝佳的机会。如果一个新品牌不能给消费者带来一种独特的、新鲜的感受，那么该品牌也只能成为普通品牌中的一个，很难在市场上激起浪花。因此，新品牌一定要抛开“我先按常规的方式建立起品牌”的思维去做品牌，而是要用创意赢得消费者的关注和认可。

某零食品牌一直坚持打造好吃、好玩的品牌形象，被消费者称为“最会玩的休闲零食品牌”。

在品牌营销上，该品牌一直坚持通过输出有创意的内容吸引流量。它们基于消费者的情感需求，不断创新，持续输出有温度、有情感、有态度的优质内容。面对消费者想要与偶像近距离互动的情感需求，该品牌邀请了深受好评的年轻偶像参与推出互动游戏剧。在5个场景剧情的“闯关”游戏中，消费者作为游戏参与者，能够直接与该年轻偶像进行“对话”互动，既拉近了消费者与品牌之间的距离，又提升了消费者对该品牌的感知度和忠诚度。

针对当代年轻人普遍存在的情感焦虑问题，该品牌联合脱口秀演员一起打造了综艺节目《人间百味铺》，开创了品牌自制综艺的先河。通过年轻人喜爱的脱口秀形式，在“边吃边聊边搞笑”中谈论困扰年轻人的职场、生活、社交等方面的小难题，用喜剧和零食陪伴年轻人的同时也传递了好吃、好玩的品牌形象。

极具创意的营销方式使该零食品牌既快速打开了知名度，又赢得了消费者的认可，由此可以看出创意对新品牌的重要价值，它能够让新品牌快速拥有市场，带动产品销量。进一步说，商家和品牌可以从以下几个方面提升品牌的创意。

1）从产品的包装入手提升品牌的创意

例如，某品牌啤酒升级后的包装一方面保留着品牌的核心因素，如登山者和山峰，另一方面，该品牌也对包装做出了改变，让颜色更饱和，并且增加了粗糙、撕裂的边缘纹理设计，更能生动地传递出该品牌所宣扬的冒险和动感的精神。

2）从产品或品牌的标识入手提升品牌的创意

例如，某快餐品牌的标识是一个汉堡的形状，看起来既精简也非常适合该食品品牌的属性，大胆、有趣也极具个性。

3）从产品的色彩入手提升创意

例如，某饮料品牌的饮料系列的每一个易拉罐都是一种独特的颜色，色彩既明艳大方又吸引眼球，让用户过目难忘。

（2）如何提升品牌的内涵

一般来说，品牌的内涵主要表现在以下几个方面，如图4-7所示。

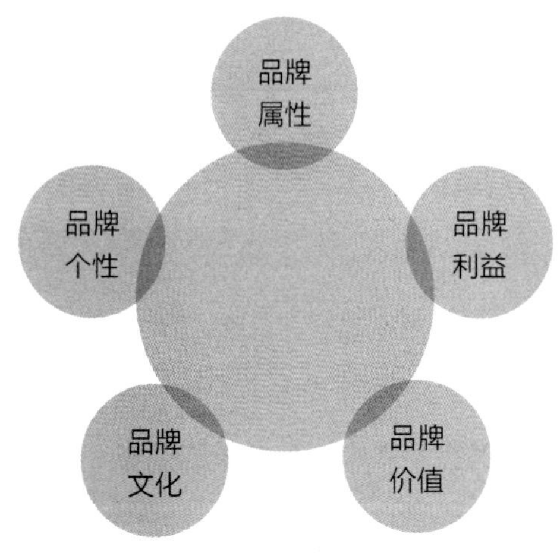

图4-7　品牌的内涵

1）品牌属性

品牌属性是指消费者感知到的与品牌的功能相关联的特征，包括产品、企业、人格和象征。从消费者的角度看，消费者可以根据不同的品牌区分出同类产品的属性差异，进而选择能够满足自己需求的产品。要想打造品牌属性，商家和品牌一定要谨记“鲜明原则”，即一定要让消费者能够很容易地将自己的品牌与其他的品牌区分开来，或者很容易就记住自己的品牌。消费者越容易记住，品牌属性就越强。

2）品牌利益

品牌利益指消费者之所以购买该品牌产品而非其他产品或品牌的理由，主要表现在两个方面：功能性利益和精神性利益。

功能性利益指能够满足消费者对品牌的功能需求的利益；精神性利益指满足消费者精神需求的利益。要想打造品牌利益，商家和品牌可以从功能性利益和精神性利益的角度出发。进一步说，商家和品牌可以一方面提升产品的功能，让产品具备能够解决消费者问题和满足其需求的功能性价值，另一方面也可以通过赋予产品精神价值的方式让其具备精神性利益，例如某产品所宣扬的“独立女性”的精神价值。

3）品牌价值

品牌价值是品牌管理要素中最为核心的部分，它是企业实体和产品本身以外的价值，也是品牌区别于同类竞争品牌的重要标志，还是有效提升消费者的忠诚度和好感的重要元素。但是，品牌的价值并不是一朝一夕之间就能建立起来的，它需要经过长期努力才能形成。对于新品牌来说，要想打造强有力的品牌价值，就要从一开始做好品牌定位，设计出品牌区别于同类竞争品牌的重要标志，并始终如一地坚持下去。

4）品牌文化

品牌文化的核心是文化内涵，它既是品牌的价值内涵和情感内涵，也包括品牌所凝结的价值观念、生活态度、审美情趣、个性修养、时尚品位、情感诉求等精神象征。要想塑造品牌文化，商家和品牌可以通过打造独特的设计风格、提炼品牌精神、提供优质服务、发掘品牌文化故事等方式。

5）品牌个性

品牌个性是企业品牌存在的灵魂，也是使品牌区别于其他品牌的独特的存在。很大程度上，消费者对企业品牌的喜爱是源于对品牌个性的认同。尤其是在新消费时代，品牌的个性更是对新消费者有着难以言喻的吸引力。要想塑造品牌的个性，就要挖掘出人无我有的，或者人有我优的，更具有价值性的内容，让品牌能够成为消费者的想法、追求和信仰。

可以看出，品牌的内涵在于它除了向消费者传递品牌的属性和利益外，更重要的是它能向消费者传递品牌价值、品牌个性及在此基础上形成的品牌文化。对新品牌来说，创始人需要从以上5个角度去策划品牌的内涵，让品牌具备价值。

综上，新品牌在构建的过程中需要重点关注品牌的创意和内涵。一个品牌的创意和内涵越丰富，就越能够吸引消费者进行消费，也越能够创造更大的利润空间。

6 附加价值：为消费者创造精神享受

品牌的价值主要体现在两个方面：一是体现在特定商品身上的实用价值，品牌必须以其优良的产品品质获得消费者的青睐；二是能够满足人们精神需要的附加价值。随着消费升级，消费者不仅重视产品或服务给他们带来的功能利益，即实用价值；更重视购买和消费产品或服务过程中所获得的符合自己心理需要和情趣偏好的特定体验，即附加价值。换句话说，更多的消费者的消费需求重点已由追求实用功能转向追求体验感性化、个性化、情感化。因此，在产品或服务功能差不多的情况下，品牌的附加价值就成为品牌发展的重要影响因素。

对于新品牌来说，要想抓住消费者，不仅要为消费者提供满意的产品和服务，更要为他们创造和提供有价值的体验，提高品牌的附加价值。

某零食品牌基于对年轻群体的洞察，提出了“人间百味，‘食'”的品牌概念，并且紧扣这一概念进行产品开发和包装设计，为年轻消费者带来了美好的体验。

在产品开发上，该品牌设计了很多有意思的、具有精神治愈效果的好产品。比如，代表着“治愈心碎”的抱抱果（枣夹每日坚果），消散坏情绪、带来好心情的阳光果派（水果干），拒绝单一“仁”设、赶走无趣的多面“仁”（各类味道的坚果仁），赶走小颓废的“坚果”，假装自己在度假的“冲浪海苔”……这些产品无一不体现着该品牌的趣味和正能量。

在产品包装设计上，该品牌“症状表现+治愈吃法”的处方签形式的礼盒设计十分具有新意——针对年轻人日常生活中的困扰，提供相应的产品和使用方法，不但激起了消费者的好奇心，更提升了消费者在食用该产品过程的体验感。

基于此，该品牌也迅速在消费者中传播开来，在某一短视频社交平台拥有200多万粉丝，且年销售额达到几十亿元。

该零食品牌从品牌理念到产品开发，以及产品包装设计，均为消费者创造了独特、愉悦的精神享受，带来了额外的附加价值，因此在众多零食品牌中很快就脱颖而出，获得了很好的发展。

因此，如果商家和品牌要想吸引用户，就要不断地提升产品的附加价值，为消费者创造精神享受。具体来说，创始人在构建新品牌时，要注意以下几点。如图4-8所示。

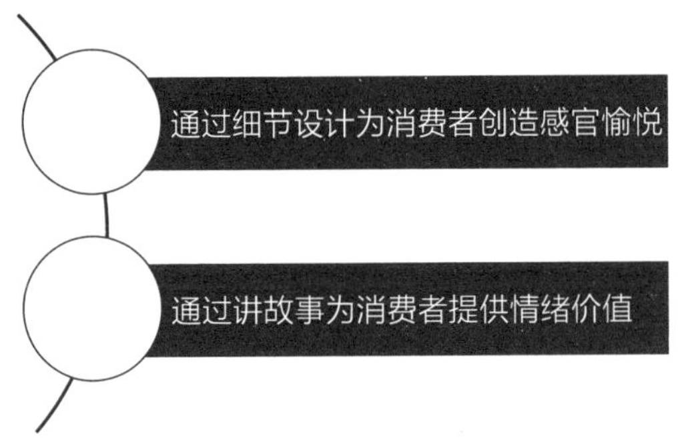

图4-8 提升品牌附加价值的两大方法

（1）通过细节设计为消费者创造感官愉悦

在很大程度上，打动消费者的是产品的细节。在某个细节设计中，消费者能够通过感官觉察到一种精妙的、难以言喻的精神享受，并因此被打动。因此，商家和品牌可以围绕产品各种看得见、摸得着的细节为消费者带来感官愉悦，为消费者创造独特的精神享受。进一步说，商家和品牌可以借助感官信息——视觉、嗅觉、味觉、听觉和触觉来进行营销，影响消费者。

> 某奶茶品牌的核心是抓住中国风，让每一个消费该产品的消费者都能够感受到中国的传统文化之美，进而得到精神享受。并且该品牌用精致的、漂亮的、带有设计感的包装，以现在消费者更愿意接受的表达方式与消费者沟通，获得了大批消费者的认同。

从案例看，该奶茶品牌做好了视觉设计，进而成功地为消费者创造了精神享受，也成功地吸引了消费者下单购买产品。除了视觉细节外，商家和品牌也可以通过视觉、嗅觉、味觉、听觉和触觉设计出更多的细节，进而给消费者创造出无与伦比的美妙享受，以打动消费者。

（2）通过讲故事为消费者提供情绪价值

故事是人们最容易接受也最容易理解的传播方式，很多品牌或产品故事具有能打动人心的情节，既给消费者制造了美好的想象，也为消费者创造了精神享受，提供了情绪价值。通常来说，动人的故事中包含爱情、亲情或友情等基本感情，也可能还包含各种有趣的或者励志的情节引发的感情，这些都能在短短几分钟的时间里给消费者带来强烈的感受。

> 某感冒药品牌曾经拍摄了一个短视频《有人偷偷爱着你》。视频的开头就打上了“取材于真实故事”几个字，很好地将观众带入了情境中。视频的前半部分构建出一个极度冷漠的社会，让观众的心情跌到谷底，只觉得世道艰难，人情冷漠。但是，视频的后半部分开始一点一点地反转，前半部分的“误解”一一解开，展现出了一个温暖的、真诚的、互帮互助的世界。视频一经发布，在网络上引起了广泛的关注，在让众多网友深受感动的同时，也成功地宣传了品牌。

商家和品牌要学会围绕品牌或产品创作一些故事，通过讲故事的方式与消费者的某种情绪（例如励志、感动等）共鸣，为其提供情绪价值。一旦消费者能够从品牌故事中感受到情感，与品牌建立情感上的连接，在品牌中得到情感释放，就能对品牌产生强烈的好感。

总之，在关注精神消费的时代，一个跟消费者精神需求相关的、情感联系密切的能够带来享受的新品牌会更受欢迎。品牌在打造自身饱含情感的形象的同时还需要营造共鸣，按下消费者内心的情感按钮，实现消费者与品牌的关系

“绑定”，进而让消费者欲罢不能。

7 物理价值：品牌的定位与传播

品牌的物理价值主要体现在品牌打造过程中的定位与传播上。

传统的品牌定位主要是定位于一个细分领域的特色或者价值上，主要向消费者传递出“我是谁”“我有什么功能”等信息，品牌传播也多以广告、包装、活动、文案宣传等方式为主。例如，20世纪90年代诞生的某果汁品牌的定位是“健康果汁”，这就是基于产品的特色和功能来进行定位的，在那个时期，这种定位方式是合适的，也能吸引追求健康的消费者。

但是在新流量时代，市场上的产品供大于求，且种类繁多，如果新品牌从特色或功能进行定位，不仅很难与竞争对手拉开差距，还难以吸引新的消费者。虽然此定位原理仍然有效，但在新流量时代，品牌定位也要更新和升级。新品牌的定位一定要与众不同，向用户传递出一种新奇的体验，无论是产品开发、包装优化、标志设计，还是品牌宣传都要在潜在消费者的心中营造一种相对统一的认知。

所以，从定位的角度看，新品牌首先要筛选出自己的目标人群，产品的开发、包装优化、标志设计、品牌宣传，都要围绕筛选出的目标人群进行。此外，定位目标人群不只是要知道品牌的产品适合哪些人，还要准确地知道目标群体的喜好、特性、习惯，以及对同类产品进行消费时的购买欲来源等详细信息。

某零食品牌将目标客户群体瞄准为目前使用网络最多且对休闲食品需求最大的80后及90后，于是其产品研发、包装、广告及客服都围绕年轻人的购物习惯和偏好展开，以满足年轻消费群体的需求为目标。其产品包装定位也是以卖萌为主，符合80后、90后网购主力军的审美标准。比如品牌形象中的松鼠小贱爱卖萌，代表坚果类产品；松鼠小酷是技术宅，代表干果类产品；松鼠小美则是现代女性的典型代表，代表花茶类产品。三个形象在深得人心，赢得消费者喜爱的同时，也拉动了产品消费，成功地在用户心中明确定位。

此外，该品牌从线上店铺的网页介绍、动漫、广告植入，到线下的包装、赠品、快递盒等全都保持一致的卖萌风格，在消费心中不断强化萌系品牌形象，在无形中传递品牌理念，推广品牌。

从品牌传播的角度分析，在新流量时代，传统渠道的优势被大幅度削弱，广告与内容的边界越来越弱化，短视频因为形式及传播手段更为流行，所以消费者对短视频、直播和各种手机App上的广告接受程度很高。因此，新品牌也不能只是用传统的品牌传播方式进行推广，而是要积极借助短视频、直播、各种手机App传播品牌，最大化地接触消费者。

某牛奶品牌推出了一款慢燃纤维奶昔牛奶，主要面向90后、00后消费群体。为了让新品快速地渗透和触达目标人群，曝光新品，强化产品卖点，提升产品销量，该品牌选择短视频的流量聚集地，发起了一场名为全民挑战慢燃环的挑战赛活动，引导参与者完成简单的挑战动作并将挑战视频分享至社交平台，引爆平台对该活动的关注。

这个活动在挑战动作的设置上，强调展示挑战者身体的协调性，是对其完美身材的一种展示。15位高人气短视频平台达人参与了挑战，掀起全民模仿热潮，总播放量约742.6万次。此外，活动设置有实物大奖，通过奖赏引导用户参与。同时，该品牌在其他平台，如微信，发布相关活动信息，为活动进行预热和引流。

可以看出，该品牌的新品很好地通过短视频实现了传播，有效地激发了用户的需求，提升了转化的效率。在新流量时代，新品牌更要借助短视频和直播的方式传播自己的品牌。

综上，无论是品牌定位还是品牌传播，新品牌都要围绕新流量时代下的消费者特点和需求展开，进而实现品牌的发展。

8 意义价值：让品牌成为消费者的信仰

所谓意义价值是指品牌传递给消费者的意义。例如，某女表品牌所宣传的“走自己的路”的独立女性形象很容易让目标消费群体找到归属感。

美国纽约大学斯特恩学院的图琳·艾达姆（Tulin Erdem）教授和杜克大学以及特拉维大学的两位学者在他们合著的《品牌：无信仰者的鸦片》中，通过4项研究证明，品牌依赖与宗教狂热可以互为替代，因为这两者都允许个人自由地表达自我。图琳·艾达姆教授认为，品牌的威力甚至更大，大到替代了人们的宗教信仰。

> 某钻戒品牌规定每一枚钻戒都需要男士凭身份证定制并且签订《真爱协议》才能购买，寓意“一生·唯一·真爱”的品牌理念，赋予了每一枚钻戒最真挚的情感价值。

消费者从中感受到了忠贞不渝的爱情，因此该钻戒品牌成为消费者心中的爱情信仰。

一旦成为消费者的信仰，该钻戒品牌就会在消费者心中留下深深的烙印，成为消费者为爱情选购钻戒时的不二之选。

为什么品牌也能成为消费者的信仰呢？主要有以下两个原因。

第一个原因：品牌是消费者自我表达的媒介。

除了口头上的自我表达外，消费者也需要通过某些载体表达自我，而品牌所传递出来的理念和价值观也恰好给了消费者一个自我表达的途径。这意味着消费者所购买的产品，如衣服、书籍、电脑、手机等产品的品牌标识和传递出来的品牌价值理念某种程度上等同于其信仰，消费者以此展现出自己是一个有趣的、有价值的、有审美的、有追求的人。对于消费者来说，品牌能够帮助其表达自我的一些观点、价值观等信息。

很多时候，人们会通过一个人购买的服饰的品牌、包的品牌、鞋子的品牌、喝的咖啡的品牌来判断这是一个什么样的人。也就是说，当消费者认同一个品牌时，该品牌传递出的价值理念无形中也会成为消费者身上的一个标签，无声地向他人传递着一些信息，其中就包括消费者的某种信仰。

第二个原因：品牌能够承载美好的心愿，它高于生活，是维系日常生活和审美生活的纽带。

这也是品牌所具有的深层含义，品牌也因此才能成为消费者的信仰。例如，某一品牌传递出“形于外，精于内”的品牌价值理念，契合了一部分追求“形于外，精于内”的消费者的信仰。再例如，某品牌的价值理念“永远相信美好的事情即将发生”也成为很多消费者的信仰。

也就是说，如果品牌传递出一种能够契合消费者美好心愿的意义，那么品牌本身就可以成为一种信仰。有信仰的品牌往往也会成为消费者心中的信仰。某种程度上说，品牌的建设过程其实也就是一种建立信仰的过程，这种情感包含了喜爱、崇拜、依赖等。可见，品牌的意义也能赋予品牌永恒的生命。

可以说，人们选择购买、使用某个品牌的产品，不只是因为产品的功能，也受到品牌所传递的意义的影响。一旦某个品牌成为消费者的信仰，当消费者遇到该品牌的产品，甚至和该品牌相关的事物时，不仅会自然而然地想到该品牌，而且会随时随地地维护该品牌。因此，对于新品牌来说，创始人要有让品牌成为消费者的信仰的意识。要想达到这一目的，创始人就要做好以下几点。如图4-9所示。

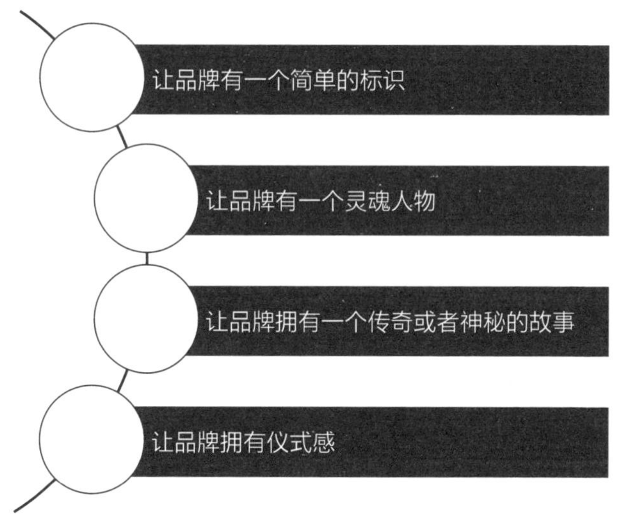

图4-9　让品牌成为消费者信仰的4个方法

（1）让品牌有一个简单的标识

标识能起到对徽标拥有公司的识别和推广的作用，品牌可以通过徽标让消费者记住公司主体和品牌文化。可识别的视觉形象是品牌建立信仰的基础条件。例如，某品牌电脑的“被咬了一口的苹果”，某品牌手机“8个花瓣组成的花朵”等，既简洁又深入人心。

（2）让品牌有一个灵魂人物

这里的灵魂人物既可以是真人（如品牌创始人、企业的领导者），也可以是一个具有性格特点的虚拟化人物，例如，某家居品牌通过一个能够与用户对话的虚拟人物，让消费者产生更具体的信仰感。

（3）让品牌拥有一个传奇或者神秘的故事

这里的故事既可以是真实的和品牌相关的故事，也可以是在事实的基础上进行改编或者虚构的故事。例如，某草药品牌以老板和老板娘为原型创作了一个动人的伉俪情深、相互成就的故事，并拍摄成音乐短片，赢得了众多消费者的好评。

（4）让品牌拥有仪式感

仪式感从本质上说是“动作记忆”的一种，而重复性的“动作记忆”很容易让人印象深刻。因此，仪式感也能让消费者产生信仰的感觉。品牌可以通过设计仪式感来帮助消费者建立信仰。例如，某面膜品牌需要消费者亲自调试并完成面膜制作，每次制作面膜都能加深消费者对该品牌的印象和好感。

综上，新品牌若是能够成为消费者的信仰，那么这个品牌就是有灵魂的，也能产生深远的影响。但是，建立品牌信仰并不是一件容易的事情，必然会经历一个漫长的过程，需要品牌的创始人花费非常多的时间和精力。

9 生态价值：场景再造，品牌关联形成体验合力

生态价值是指对生态环境客体满足其需要和发展过程中的经济判断、人类在处理与生态环境主客体关系上的伦理判断，以及自然生态系统作为独立于人类主体而独立存在的系统功能判断。品牌的生态价值主要表现在对满足品牌需要和发展过程中的经济判断以及品牌周围关系的系统性判断。

随着新流量时代的到来和迅速发展，不少新品牌如雨后春笋般崛起，获得了很大的成长空间。这些新品牌或前卫或复古，但是背后都有一个特定场景，场景背后是一种主张或一种氛围，这些我们可以统称为体验。这种体验所呈现的就是品牌的生态价值。

美国经济学家B. 约瑟夫·派恩（B. Joseph Pine Ⅱ）在《体验经济》（*The Experience Economy*）中说道："商品是有形的，服务是无形的，而创造出的体验是令人难忘的。"正是这种难忘的体验使得消费者愿意持续消费。虽然这几年市场上诞生了许多品牌，但是一些品牌的生态性并不完善，其广度和深度不足。生态品牌追求的是体验的延续性和服务的完整性，力求满足消费者所有的想象，给消费者带来前所未有的体验。但是，这很难只由一个品牌提供。换句话说，

品牌与品牌间的关联越来越重要。

> 某物联网品牌在2018年5月首次提出的生态品牌，是继产品品牌、平台品牌之后,该品牌的又一次品牌内涵的升级。在2020年9月11日，该品牌发布“三翼鸟”。“三翼鸟”是以为用户提供阳台、厨房、客厅、浴室、卧室等智慧家庭全场景解决方案为前提推出的新品牌，在场景感的基础上还注重场景内多品牌的合作，用场景化的方式共同输出无缝体验。这可以说是真正意义上的生态品牌。

从案例看，某物联网生态品牌通过与其他品牌合作的方式，以消费者需求和体验为目标进行价值创造，从而给消费者提供更优质的服务。再例如，某品牌开设了国内首家限时体验店，在这一场景中汇聚了很多受年轻消费者喜爱的潮流品牌，既能让不同的品牌形成体验合力，又能让消费者沉浸其中。

在新流量时代，为什么场景再造、品牌关联并形成合力越来越重要，且被消费者越来越重视呢？我们以智能家居为例，智能家居的内容很丰富，包括空气净化器、智能音箱、智能门锁、智能灯窗等品类，但随着单一智能硬件增多，如何整合这些设备以提升家居的安全性、便利性和舒适性，成了很多消费者关注的问题。这也是现在生态品牌需要思考的问题。

生态品牌拓展场景广度与深度，意味着各个品牌可以通过更广泛的合作，共同构成一个完整场景，在这样一个场景里可以有很多产品，任何一个产品都可以是场景体验的入口，这也是生态价值的重要意义。

对新品牌来说，要想实现场景再造，品牌关联并形成体验合力，创始人就要注意以下两点。如图4–10所示。

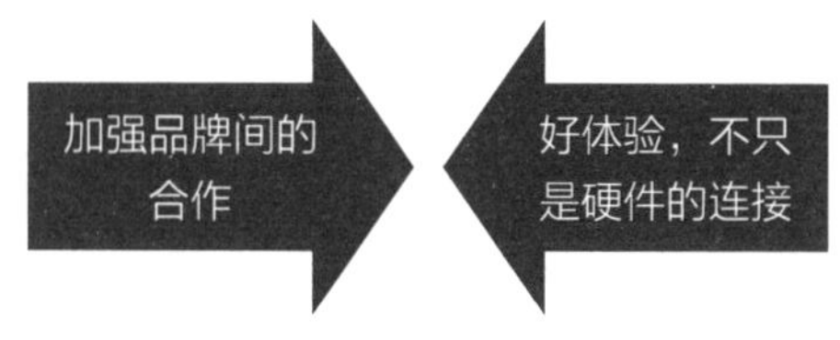

图4–10 提升生态价值的两大方法

（1）加强品牌间的合作

单一的品牌有其自身的局限，品牌合作是能否构成场景体验的关键。围绕一个确定的场景主题，由不同的品牌提供不同的服务，最终构成一个完整的场景体验，这就是品牌的生态价值的体现。但是需要强调的是，好生态绝不是简单地多品牌的联合。品牌关联的关注点还是要以用户需求为核心，这一生态体系生成和演进的动力来自持续的用户需求，而不是基于这一生态中的品牌主体。生态中的各个品牌是共创共赢的关系，而非单打独斗，各个品牌在满足用户需求的过程中，要实现增值分享。

（2）好体验，不只是硬件的连接

通常来说，良好的体验感需要依赖强大的硬件和软件，例如体验馆由VR（虚拟现实）安全体验软件、主机工作站、VR套装硬件3部分构成，其中VR安全体验软件包括房建类软件模块、地铁类软件模块、路桥类软件模块、新机械伤害软件模块等；VR工作站运行硬件配置包括VR、VR手柄、VR头盔、VR系统及主机；VR体验馆硬件包括VR智能行走平台、VR虚拟系统一体机、9D互动太空舱等。

硬件是为消费者提供良好体验的重要保证，但是，场景并不是把硬件进行简单叠加就可以取得良好的效果，我们还需要从场景体验的角度为用户设计出一个想象中的世界。也就是说，好的场景需要跳出单个产品的思维，品牌不应将各个产品简单地连接，而是要站在消费者的角度去做场景体验。

总之，时代在进步，消费者的需求也在进步，产品品牌的时代即将成为过去，场景品牌的时代正在到来。要想抓住消费者、抓住未来，新品牌的创始人就要构建生态价值，通过场景再造，让消费者参与到场景定制过程中，围绕消费者的需求进行解决方案创新，实现个性化定制。并且，品牌要通过与各个相关品牌的合作形成体验合力，打造让消费者欲罢不能的消费体验。

10 个体价值：重塑个人IP，打造个体品牌

“IP”是英文“intellectual property”的缩写，其原义为“知识财产所有权”或者“智慧财产所有权”，也称为智力成果权。在新流量时代，IP已超越之前的范畴，正在成为现象级营销概念。IP从某种意义上来说就是品牌。在互联网和新流量的助力下，如今的IP不再像迪士尼那样需要漫长时间的打磨和巨大的投入才能打造出来，一个IP甚至能够在一夜之间火爆全网，产生难以预计的价值。

无论是对品牌还是个人，IP都具有重要的价值。品牌拥有IP就相当于占据了一个永久的消费入口，它可以持续地为品牌提供流量。在线上和线下流量都非常稀缺和昂贵的背景下，IP对于品牌的意义不言而喻。

相较于传统的品牌来说，在人人都是自媒体的时代，打造个人IP要更加容易，也更有效果。品牌的个人IP可以是品牌创始人，例如，某知名空调品牌的创始人就是一个个体IP，该品牌甚至都无须请其他品牌代言人，因为其创始人便

是企业价值最具象的代表。品牌代言人也可以是该品牌特色的代表人物，例如，某美妆品牌签约了一个知名模特，其也成为其品牌的一个重要的个人IP。

新品牌在构建的过程中，要有重塑个人IP，打造个体品牌的意识。拥有个人IP的品牌不仅能够让消费者更容易完成对品牌的认知过程，还更容易得到消费者的青睐和信任，并且在未来获得更广泛的利润空间，更高的话语权。

在本书中所说的个人IP主要是指创始人IP，品牌创始人在重塑个人IP需要遵循“3W法则”。“3W法则”具体是指Who are you（你是谁）、Where are you（你在哪儿）、What are you doing（你正在做什么）。

（1）Who are you（你是谁）

品牌创始人是品牌的灵魂人物，他们在品牌成长过程中深深地影响着品牌，成了品牌的一部分。某种程度上说，品牌创始人是人格化的品牌。因此，要想有效地重塑个人IP，品牌创始人需要问自己的第一个问题，即Who are you（你是谁），这一问题旨在让创始人思考以下问题：

> 要想打造个体品牌，我身上有什么价值?
>
> 我具备什么样的素质?

> 我身上有哪些独特的特点？
>
> 如果要把自己宣传出去，我第一个想要说的特点是什么，它吸引人吗？具备竞争优势吗？

只有回答好这些问题，品牌才更能明白“我是谁”的问题，并针对自身的特点和优势为个人IP做好定位。

（2）Where are you（你在哪儿）

这一提问旨在让创始人思考以下问题：

> 品牌当前在什么阶段，是起始期、成长期、成熟期，还是衰退期？
>
> 与竞争对手相比，我在哪里？是领先竞争对手，与竞争对手齐肩，还是落后于竞争对手？
>
> 要想打造个人IP，我距离我的期待有多远，我现在需要如何去走？

只有思考这些问题，创始人才更能明白自己当前所处的位置，并进一步明确自己已经走到了哪里（已经走了多少路），接下来要往哪里走，以及最终走向哪里，这对品牌的未来发展具有重要的指导价值。

（3）What are you doing（你正在做什么）

这一提问让创始人思考以下问题：

> 要想成功重塑个人IP，我需要做些什么？我能做什么？

这一问题旨在告诉创始人，要想真正塑造个人IP，自己到底需要做哪些工作，自己目前能做的工作有哪些？自身难以做到的部分，可以寻找哪些资源和支持方，以及如何寻找等问题。明确这一问题对创始人践行打造个人IP具有重要的指导价值。

总之，要想创造个人价值、打造个人IP，品牌创始人就要认真思考以上三大类问题，以厘清自己的现实和目标，更好地实现目标。

第5章

破局：新品牌定位的7个策略

新品牌定位就是针对目标群体建立一个独特的认知联想，让消费者产生认知偏好，进而降低品牌的推广成本和用户的记忆成本。那么新品牌定位有什么方法策略，又有哪些需要特别注意的问题呢？本章将逐一介绍新品牌定位的7个策略。

1 开辟新赛道，注入新动能

不少新品牌在进行市场定位时，常常将自己定位在一个跟跑者的位置，这些品牌想要在跟跑的过程中超越市场上的知名品牌。其实，这种做法的性价比并不高。因为知名品牌已经在市场上获得认可并占据了较大的市场份额，可以说遥遥领先于刚刚诞生的新品牌。面对这种情况，新品牌想要跟在后面实现突围无异于以卵击石，所以新品牌与其做个跟跑者，不如开辟一条新赛道，成为新赛道上的领跑者。

同样，对于已经成立多年但成绩一般的老品牌来说也是如此，老品牌可以通过注入新动能，积极借助互联网做“新定位”，以改变品牌在市场中不温不火的状态。换句话说，老品牌需要思考的是在新流量时代下如何去转型，并开辟新的赛道。

某吸尘器品牌面对国内日渐缩小且趋向饱和的吸尘器市场，果断地开辟了一条新赛道。它不同于以往传统的吸尘器，而是走上了智能科技的道路，并力求在清洁效果和吸尘续航之间达到完美平衡。该吸尘器品牌推出了一款集吸尘、洗地、自清洁于一体的吸尘器，彻底引爆市场，以超过70%的市场占有率稳居吸尘器行业首位。

此外，在新时代下，该吸尘器品牌并不局限于向用户提供智能产品，而是更多地向用户提供一种美好生活方式。因此，该品牌推出了更多的智能产品，以持续引领新的生活方式和理念。

该吸尘器品牌面对消费升级下的消费者需求，并没有沿袭旧有市场，而是重新开辟新赛道——智能吸尘器，并凭借优质的质量获得消费者的青睐。对新品牌来说，与其“走老路，踩旧脚印”，不如重新定位，为品牌注入新动能，这样反而更能够使品牌获得新机。

因此，无论是新品牌还是运营不理想的老品牌，想要通过定位实现破局，通常都可以采取以下两个方法，为品牌开辟新赛道，注入新动能。如图5-1所示。

（1）挖掘品牌文化，进行品类拓展

要想开辟出一条新赛道，新品牌要挖掘品牌文化，并进行品类拓展。挖掘品牌文化是指深度探索品牌文化背后的价值和内容，品类拓展是指拓展产品的种类。挖掘品牌文化，

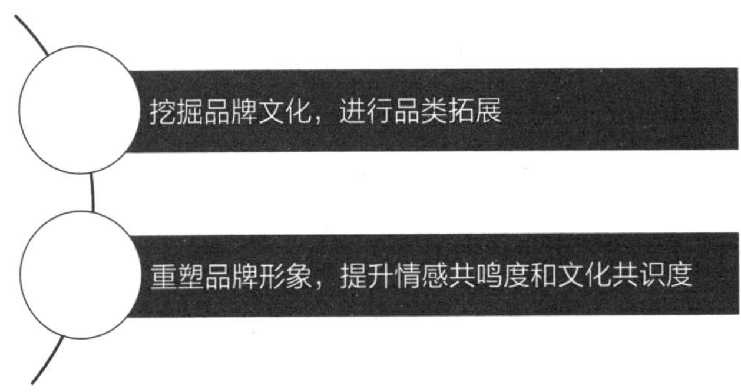

图5-1　开辟新赛道的两大方法

并做品类拓展，不仅可以让新品牌思考要做什么样的品牌，还能在此基础上做差异化定位，和市场上已有的产品区别开来。

某饮料新品牌想要传递出追求健康的品牌文化，并希望在已有的饮料市场开辟出新口味——0糖0卡路里的气泡苏打水。凭借健康、有利于减肥和口味新奇的产品特色，该饮料获得了广大的消费者的认可。

同样，老品牌也可以通过挖掘品牌文化、做品类拓展的方式，开拓出更多能够呼应新消费者需求的产品。

某快递品牌进军奶茶行业，在原有的邮政点基础上开办“邮氧的茶”——邮政+奶茶的“形式混搭”品类拓展吸足了眼球，一方面打破消费者对于该品牌只做快递的固有认知，另一方面也利用奶茶朴素的外包装将本身的国企色彩恰如其分地展示了出来，充分迎合了消费者的需求。

这种创新品类的方式既符合品牌文化，又做到了呼应时代需求做文化创新，也能让消费者意识到该品牌在成长，认为该品牌也是具有时代特征和文化积淀的品牌。

（2）重塑品牌形象，提升情感共鸣度和文化共识度

新品牌可以通过重塑品牌形象，提升情感共鸣度和文化共识度的方式来开辟新赛道，以更好地打动消费者。

某服装品牌在单调的工装风格中融入更多的色彩，并且每件衣服上都有很多充满趣味的小细节，整体风格活泼大方，设计独特，让每一个喜爱新潮设计的消费者都能找到他们喜欢的款式，很快该品牌就收获了大批的粉丝。

同样，不少老品牌在以前有着很高的知名度和市场占有率，但是随着新品牌的不断涌现，以及企业自身缺乏变动而

渐渐失去了竞争力。这类老品牌可以通过翻新品牌形象，提升情感共鸣度和文化共识度，重新唤醒消费者的记忆。

> 某知名零食品牌几十年来主推单一化的产品，随着消费者开始追求更加健康、多元化的饮食，该品牌的影响力不断下降。面对这种情况，该品牌展开了自救之路——重塑品牌形象。
>
> 该品牌在2017年梳理了发展方向，对品牌形象“×仔”进行了重新定位和升级。该品牌在线上进一步深化了“×仔”的形象，比如在多个社交媒体上开设“×仔俱乐部”，以“×仔”的口吻发布日常趣事，和消费者进行线上互动。此外，该品牌还强化了“×仔”的健康形象，推出健康系列产品。这些举措顺应新时代消费者的需求，使该品牌顺利突破困局，再次成为零食领域的知名品牌。

总之，新消费时代下，品牌要想实现破局，可以通过开辟新赛道的方式，为品牌的发展注入新动能，进一步说，可通过挖掘品牌文化，做品类拓展或者重塑（或翻新）品牌，提升情感共鸣度和文化共识度，最终做好品牌定位，实现品牌目标。

2 “垂类玩法”助力品牌升级

不少新品牌在运营的过程中，有“东一榔头西一棒子”的心理，往往什么流行就去做什么，上一秒想要做A下一秒想要做B，这样做很难运营好新品牌。在新流量时代，垂类玩法更有利于品牌发展。

“垂类”是互联网行业术语，指垂直领域。垂直领域下的用户具有类似的需求、爱好等。“垂类玩法”是指为某一垂直领域的限定群体提供特定服务。例如，某社交平台定位在“二次元”垂直领域，因此吸引了千万级的喜欢“二次元”的用户。

对于新品牌来说，想要尽快在行业中占据一席之地，就要选择某一个“垂类”深耕下去，专注服务该“垂类”下的用户。

某母婴品牌始终专注于母婴用户群体。随着品牌的不断发展，该品牌定位于全品类的泛母婴高端品牌，旗下拥有多个子品牌，产品已覆盖母婴用品、辅食、童装、早教、女性用品、个人护理等多个领域。

除了母婴产品外，该品牌还将母婴市场延伸到了教育，这也是未来“泛母婴”市场的一大趋势。例如，该品牌推出了早教品牌，为家长提供育儿成长记录、母婴商城、育儿知识、专属育儿师指导等多项服务，为用户提供更优质高效的育儿服务，解决用户的养育难题。

该品牌重新定义了母婴行业的“颜值”和“品质”标准，拓宽了母婴市场的范畴，为用户提供“育婴童”3个阶段所需的产品和服务，实现了品牌升级。

案例中的母婴品牌通过“垂类玩法”实现品牌升级，主要表现在两点：一是产品几乎覆盖母婴用户群体的所有需求，能够最大化地抓住目标消费人群；二是该品牌不断突破自己的赛道，逐渐从母婴生态向泛母婴生态辐射，从母婴用户群到妈妈用户群再到女性用户群，逐渐覆盖到更多的消费人群。但是归根结底，该品牌还是扎根在母婴领域，并进行根系拓展，通过“垂类玩法”，不断推动品牌升级。

新品牌在定位时，一定要抓住“垂类玩法”，即立足并专注于某一个领域，而不是什么都做，什么都想涉猎。新品牌若是深度、持续地在某个垂直的细分领域扎根，不仅能够更精准地满足用户的需求，还能因为独特性和小众性获得成功。

某餐饮品牌只专注于全职妈妈这一用户群体，该品牌自媒体账号发布的所有内容都是围绕全职妈妈和婴幼儿打

> 造，针对全职妈妈的需求和困惑持续输出内容。如果某个消费者是一名全职妈妈，那么她很有可能会持续关注该品牌的自媒体账号，然后从这些能够解决自身实际问题的内容中，以及和其他用户的互动中产生自我身份认同感，进而对该品牌产生信赖感和归属感。

“垂类”的核心价值就是垂直用户之间的相似审美带来的自我身份认同感，进而给用户带来归属感。归属感是一种很特殊的情感需求，能够让消费者对自己选择的品牌产生巨大的忠诚度。

因此，新品牌一旦做好定位，就要围绕“垂类”打造品牌，尤其是在进行品牌营销的过程中，更要坚持“垂类玩法”。在新营销时代，新品牌营销必然要在自媒体、短视频、直播等领域重点发力，而这些领域恰恰更需要做好“垂类玩法”——输出的内容和所入驻的领域是一致的，并且一个账号一直以来输出的应该是同一类内容。

例如，某美妆品牌在短视频平台入驻的是美妆类，那么该品牌的短视频策划与运营都要围绕美妆类展开，可以是化妆技巧、口红试色、粉底持妆测评等。相反，如果品牌入驻的是美妆类，但是发布的短视频内容却包括娱乐、综艺、舞蹈等，这个短视频账号就没有做到垂直。这不仅会影响该品牌在用户心中的印象，还会影响该品牌的短视频账号在平台中的权重，进而严重影响品牌营销的效果。

具体来说，新品牌要想做好“垂类玩法”推动品牌升级，就要注意以下几点。如图5–2所示。

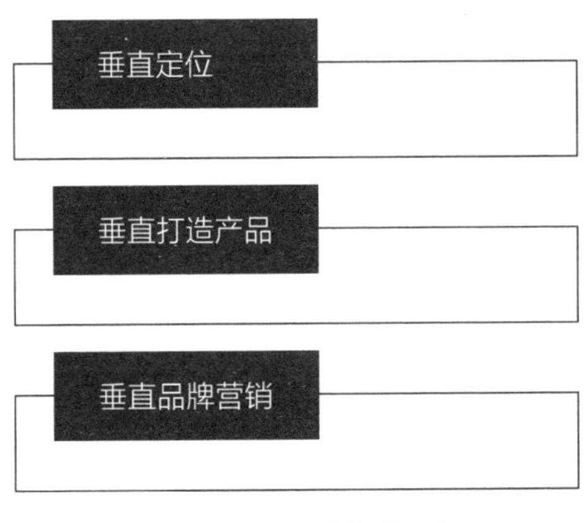

图5–2 “垂类玩法”的3个要点

（1）垂直定位

当前各类品牌层出不穷，几乎每一个品类上都有很多的商家和品牌。在这种情况下，商家和品牌要想做好垂直定位，就要争取“在一平方米的范围内挖掘一万米的深度”。以美食品牌为例，美食可以分为西餐和中餐，在西餐品类中又可以进一步细分为更多的小品类，包括法式西餐、英式西餐、意式西餐、美式西餐等。新品牌必须要做到精深，做好垂直定位。

商家和品牌需要问自己以下几个问题：

①我是谁?

②我要做什么?

③我和别人有什么不同?

④我这样做有优势吗?

⑤我要如何在我所选择的细分品类上深挖下去?

商家和品牌在垂直定位时，不要大包大揽，泛泛定位，而是应该选择一条自己最有优势的（最擅长的）、或最有信心能够做好的、当前市场上还没有的（或者没有真正做起来的竞争者）领域去做品牌，这样才更有可能出彩。

（2）垂直打造产品

在做好垂直定位后，商家和品牌接下来就要垂直打造产品。具体来说，商家和品牌需要思考，自己的产品可以为什么样的用户，在什么场景下，解决什么样的问题。

某手工吐司品牌在面包这一大品类中进一步细分，切入吐司面包中更细分的品类——手工吐司，并且一改吐司店的烘焙风格，将吐司变成了小吃、主食，并推出了类似汉堡、肉夹馍、三明治的鸡扒吐司、金枪鱼欧姆蛋吐司、芝士培根吐司等，这类产品主要面向喜爱吐司并愿意将吐司当主食食用的消费者群体，解决了很多上班族在加班时、早餐时不知道吃什么的苦恼。

垂直打造产品不仅能够贴合品牌的垂直定位，还能更好地为潜在消费群体提高针对性的服务，提高市场的接受度。

（3）垂直品牌营销

除了垂直打造产品，商家和品牌还要做好垂直品牌营销，尤其在新流量时代，有效的营销能够在短时间内实现品牌宣传和销售产品的目的。具体来说，商家和品牌可以参考以下两点。

1）与垂类KOL合作

即选择与在同一个领域内深耕的KOL合作。例如，美妆品牌优先寻找美妆垂类的达人进行合作，家庭产品优先与家居垂类的KOL合作。

2）持续输出垂类营销内容

例如，美妆品牌可以在各大平台上创建账号，并持续发布优质的、垂直的营销内容，如介绍化妆技巧、好用的美妆产品、美妆前后对比等，在吸引用户关注的同时，最大化地向用户展示自己的品牌和产品。

总之，新品牌要在某一个垂直领域精耕细作，这不仅能够吸引特定领域的消费者，还有利于打造品牌、吸引流量和引流变现。尤其在同质化严重的竞争体系中，“垂类玩法”不仅可以帮助新品牌以及想要焕发新生命的老品牌实现快速突围，还可以帮助它们获得更长久的生命力和竞争力。

3 重构产品价值，追求极致“产品力”

不少新品牌难以打开市场的关键原因是其推出的产品没有真正满足消费者的需求。如果消费者的强需求没有被满足，潜在需求没有被挖掘，那么该品牌推出的产品就难以在消费者心中激起涟漪，更谈不上占领市场了。

要想解决这个问题，新品牌在定位时就要关注产品定位的问题——重构产品价值，追求“产品力”。“产品力”是一个新且有意思的名词。2021年9月15日，《2021中国房地产品牌价值研究报告》发布，该报告对中国房地产品牌的品牌价值增长规律进行了全方位解析。值得关注的是，面对当下房地产行业的竞争形势，报告中有这样的描述：“品牌企业逐步摒弃追求规模扩张的传统模式，更加重视质量的增长。提高‘产品力’正式成为竞争的核心。”

该报告指出，“产品力”包括产品驱动力、想象力和影响力，其内核是文化和精神，也是系统能力的体现。“产品力”的表现则是适销性和普遍性，产品标准化程度是衡量“产品力”高低的一项重要指标。

可见，“产品力”所包含的远不止单纯物理意义上的产品品质，其重点始终是其能否适应消费者的需求和体验。以房子为例，房子绝不仅仅是居住之所，随着人们对房屋需求呈多样化趋势，更多的消费者会从健康、性能、智能、美学、人文等多个方面关注房子的其他价值。

可以说，“产品力”是一项综合评价体系，是品牌综合实力与核心竞争力的外在体现，它不仅关乎品牌的业绩实力和产品能力，更关乎品牌价值与品牌服务。一个具有高“产品力”的产品，不仅能在当下满足消费者的多元需求，对消费者产生极强的吸引力，更能够在激烈的市场竞争中保持强劲的生命力和竞争力。

某服装新品牌专门做健身服。虽然健身服行业也是非常传统的行业，并且市场上已经有几个知名品牌，但是该新品牌凭借强大的“产品力”很快在市场中占据一席之地。例如，该品牌旗下有一款产品叫“腰精裤”，穿上以后可以把腰部的赘肉束缚住，身材线条也因此变得好看起来。强大的“产品力”来源于该品牌的产品研发人员对亚洲女性的身材特点的研究，并在此基础上对产品细节进行打磨，力争最大限度满足目标用户群体的需求。

该新品牌之所以能够抢占市场，关键在于它重构了产品价值，关注产品细节，最大限度满足了目标用户群体的需求。某种程度上说，“产品力”将成为未来新品牌发展最重要的影响因素。

重构产品价值并非只是对产品的结构和功能进行简单的升级，而是要深度思考目标用户群体的需求是什么，包括表面需求和潜在需求，接着要思考产品如何定位和升级才能满足目标用户群体的需求。具体来说，新品牌的运营者及相关运营人员需要思考以下几个问题。如图5-3所示。

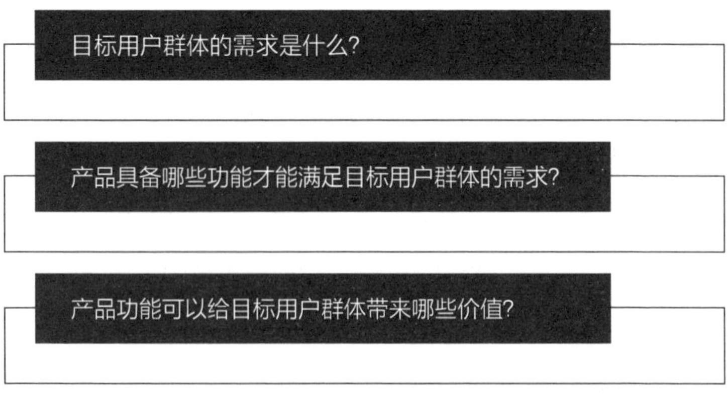

图5-3　重构产品价值需要关注的问题

（1）目标用户群体的需求是什么？

“以人为本”始终是产品力提升的基础。重构产品的价值归根结底还是深入探究“解决什么人的什么问题”，并以此出发制订解决方案。因此，要想重构产品价值，商家和品牌首先要确定目标消费人群的需求是什么。进一步说，商家和品牌需要了解自己的目标用户都是谁，他们有什么特征（性别、年龄、收入、消费习惯、消费爱好、所处城市等），他们想要解决什么样的问题等，只有明确了用户的需求是什么，才能有的放矢地做好下面的工作。

（2）产品具备哪些功能才能满足目标用户群体的需求？

要想追求极致的“产品力”，商家和品牌也要思考产品要具备哪些功能才能满足目标用户群体的需求。以保暖内衣为例，通常来说，衣服的保暖功能是基本功能，但是除此之外，鉴于该目标用户群体是年轻白领，因此该保暖内衣还需要具备轻薄、时尚、颜色大方等特点。可以说，商家和品牌只有了解用户的需求，对现有的产品进行深度思考，才能开发出对消费者更有价值的产品，进而打动目标用户。

（3）产品功能可以给目标用户群体带来哪些价值？

除了思考以上两个问题外，商家和品牌还需要了解产品可以给目标用户带来哪些价值，某种程度上，这也是“产品力”真正有价值的地方。只有厘清这个问题，才更有可能让产品无可取代。

> 某房产品牌为了提升品牌竞争力，决定重构产品价值，打造全新的产品体系，精准匹配各个消费群体的需求，从规划、户型、装修、配套等方面为目标消费人群带来更“懂你”的家。
>
> （1）“星系”产品
>
> “星系”产品主要面向当代新青年群体，产品规划以情景化功能、共享共生配套、精细化细节为核心卖点，满足当代新青年的个性化需求。
>
> （2）“府系”产品
>
> “府系”产品主要面向的是三代同堂家庭群体，产品在体现东方建筑美的同时，其充分的功能实用性也满足了当代中国家庭的居住需求。
>
> （3）“云系”产品
>
> “云系”主要面向的是都市群体，产品主打全屋智能

控制系统和社区云服务平台，为目标用户提供“智能家居+智慧社区”。

（4）“天系”产品

“天系”主要面向的是高端消费群体，位于各大城市中心的繁华地带，是“集稀缺位置、稀缺产品、稀缺服务于一体的城市典藏产品”，定位是地标级未来城市综合体。

从案例看，该品牌的四大系产品“产品力”十足，不仅可以针对性地满足目标用户群体的需求，而且这些产品还为消费者带来了基本的居住价值和舒适的心理价值，进而让消费者对该产品有强烈的需求和好感。

总之，商家要想重构产品价值，追求极致的产品力，就要从以上3个问题开始自问，以真正做到帮助产品重新定位，在满足目标用户需求的同时，也能更好地提升品牌的价值。

4 用户下沉：洞察需求，精准定位

“用户下沉”指的是品牌在进行用户定位时，将目标用户群定位于三、四线城市及农村地区的用户。

随着经济的快速发展和人们生活水平的提高，除了一、二线城市有着强劲的消费需求外，三、四线城市及农村地区也表现出了不容小觑的消费力。对于新品牌来说，一、二线城市的市场空间虽然比较大，但竞争对手也比较多、比较强大。因此，新品牌在进行用户定位时，可以将目光放在三、四线城市及农村地区。也就是说，新品牌想要在激烈的市场竞争中快速打下一片天地，就要抓住“下沉市场”。

（1）“下沉市场”的消费潜力更大

相对于一、二线城市来说，“下沉市场”的消费潜力更大，对新品牌的发展更加有利，具体表现在以下几点。

1）9亿“下沉市场”，消费规模与增长潜力巨大

第七次全国人口普查数据显示，全国人口约14亿人，其中一线城市、新一线城市和二线城市人口总量约为5亿人。也就是说，三线以下城市、乡镇与农村的人口规模超9亿。随着互联网技术的应用，规模高达9亿的“下沉市场”的用户正逐渐打破地域限制，带着巨大的消费潜力涌入消费市场。

2）高质量供给欠缺，“下沉市场”用户的消费需求远未被满足

相比于一、二线城市，“下沉市场”的需求和供给存在着不小的差距。随着生活水平的提高以及消费升级的影响，“下沉市场”用户对品质消费、情感消费的需求呈现增长趋势，然而当前“下沉市场”的供给存在产品种类不够丰富、产品质量不够好、服务消费相对滞后等问题，远远无法满足用户日益增长的消费需求。

3）“下沉市场”用户的消费特征显著

主要表现在以下几点。

一是喜欢拼价。“下沉市场”用户通常喜欢购买性价比高的商品，并且对于对比线上线下价格也乐此不疲，甚至愿意为一个低价格或免费的赠品排队很长时间。另外，“下沉市场”用户也喜欢囤货，尤其是在电商平台的快速渗透，以及各种促销活动的助力下，丰富、便宜、便利等原因使得这类人群非常愿意囤货。

二是随着消费升级和越来越多的80后、90后回到三、四线城市，新的消费理念也在当地得到进一步的扩散。这些80后、90后有较高的消费能力和消费意愿，他们会通过消费表达诉求、彰显个性。

三是消费者熟人属性强，重人际关系，消费决策通常受熟人影响，圈子效应强。常常表现为消费者愿意主动向身边人分享自己购买的“好物”。

因此，新品牌在定位时要挖掘“下沉市场”用户的需求，以实现精准定位。

（2）新品牌如何做好“用户下沉”

新品牌要想做好“用户下沉”，就要做到3点，即确定目标“下沉市场”及目标用户画像、洞察“下沉市场”用户的需求和确定品牌的核心价值。如图5-4所示。

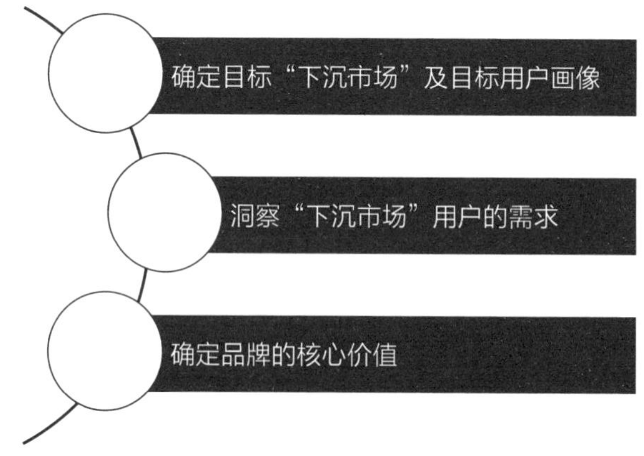

图5-4　用户下沉的3点工作

1）确定目标“下沉市场”及目标用户画像

不同目标用户的需求是不一样的，且一个品牌不可能满足所有用户的需求，尤其是“下沉市场”用户因其收入、文化程度、所处环境等存在巨大差异，使得这一消费群体的特征更为复杂。

因此，要想做好“下沉市场”，商家和品牌首先要确定目标“下沉市场”及目标用户画像。

在确定好主目标用户群之后，商家和品牌还要确定“下沉市场”的用户画像，进一步明确他们的年龄、收入、消费习惯、消费能力、爱好、生活状态和方式等。换句话说，商家和品牌要根据调研而来的信息去做一个用户画像，了解这些“下沉市场”用户有什么共同点，又有什么差异，信息越详细越好。

2）洞察“下沉市场”用户的需求

做好第一步后，商家和品牌就需要继续洞察“下沉市场”用户的需求，例如某品牌的目标“下沉市场”用户是25～35岁已婚已育的女性，商家和品牌可以了解到她们可能对教育产品比较感兴趣并且愿意在此消费。再进一步分析，这类用户受经济条件的影响，在日常消费中，可能更愿意选择性价比高的产品。

商家和品牌只有真正洞察了目标“下沉市场”用户的需求，才能真正让消费者感受到品牌的价值，并做出符合消费者需求的产品。

3）确定品牌的核心价值

想要洞察目标“下沉市场”用户的需求，商家和品牌就要确定品牌的核心价值。通常来说，品牌的核心价值是能够让消费者明确识别并记住的利益点与个性，它是一个品牌的优势所在，更是促使消费者对品牌产生好感甚至爱上品牌的主要影响因素。

因此，要想确定品牌的核心价值，商家和品牌就需要明确“下沉市场”用户最大的痛点和需求是什么，并且以此为基础，根据目标“下沉市场”用户的需求，制定品牌的发展战略，将品牌的人力、物力、财力都投入在建立品牌核心价值上，不断完善自己的产品。

某饮料品牌定位是乡镇市场，经调查他们了解到该目标“下沉市场”的需求是希望能够购买到物美价廉的饮料，因此，该品牌将更多的资金用于线上营销活动，通常以镇为单位，在线上借助微信群、小程序等组织乡镇用户拼团消费，并在线下完成交付。既为目标用户提供了方便，又销售了产品，因此该品牌的产品销量稳定。

总之，“下沉市场”有着巨大的消费潜力，商家和品牌要想洞察“下沉市场”用户的需求，做到精确定位，就要实行以上的三步走战略，最大化地发挥出“下沉市场”的价值。

5 “小而美”定位，打造差异化

在新流量时代，虽然大品牌占据着市场上较大的流量，但是并不意味着小品牌、小品类就没有生存和成长的空间。

相反，随着消费者开始进入一个又一个小圈层，越来越多的消费者开始渴求新鲜的、个性化的品牌和产品。这就给定位于“小而美”的新品牌创造了很好的机遇。

所谓的“小而美”，我们可以从两个层面进行理解。“小”是指基于一个细分群体消费者特定的需求，在商品类目、产品功能与服务方面创新；“美”指的是精致的、颜值高的、品质好的产品，能够带给消费者美的感受。

对新品牌来说，品牌的“小而美”定位要想得到认可，就要充分照顾到消费者个性化和独特化的需求。也就是说，新品牌要重点打造品牌的差异化。新品牌只有在有限的范围内做深、做透一个点，才有可能在众多品牌中脱颖而出，这是最高效、成本最低的品牌定位方式。

市场上的家具品牌众多，有的品牌定位于“轻中式”，有的品牌定位于“宋明式”，还有的品牌定位于“简约北欧式”，这些品牌定位往往比较高端，而且市场相对成熟，竞争也比较惨烈。新家具品牌要想在其中分一杯羹并非易事。某家具品牌另辟蹊径，定位于“儿童家具”，虽然市场“小”很多，却凭借极具童趣的设计和安全的原材料受到市场的热烈欢迎，很快成长为知名儿童家具品牌。

案例中的儿童家具品牌就是凭借“小而美”的定位在激烈的家具市场竞争中抢占了一席之地。

在对品牌进行“小而美”定位时，新品牌的运营者可以采取以下3种策略。如图5-5所示。

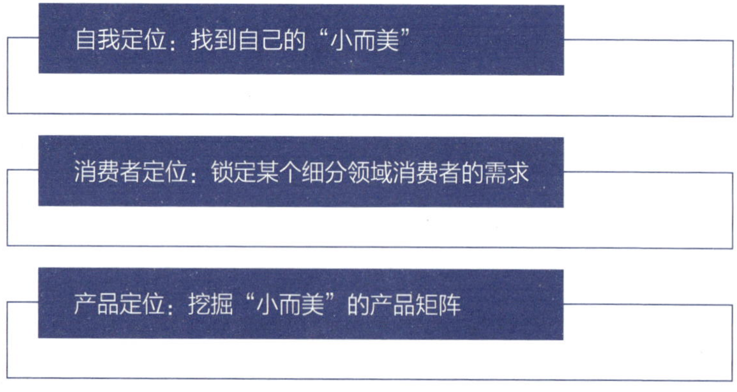

图5-5 “小而美”定位的3个策略

（1）自我定位：找到自己的“小而美”

商家和品牌要结合当前企业所拥有的资源（包括技术、设计师、独特的审美）和擅长的方向去做自己眼中独具风格的美的品牌。通常来说，品牌若是在小众的基础上专注品质和颜值，并设计出带有独特的个人印记的产品且独此一家，就会有相当可观的市场潜力。

> 某饮料品牌作为一个小众饮料品牌，将受众瞄准年轻人，近年凭借独特的“苏打水+水果”搭配受到广大年轻消费者的喜爱。但是，该品牌并不满足于此，除了将产品在工艺、原料、包装设计等方面做到极致外，又继续将产品的核心从年轻人细致地划分到消费者中的女性。
>
> 为进一步满足更细化的受众的消费需求，该品牌带着汽水“创新+天然无公害”的产品特点，推出了“每日清体”轻甜原味酸奶。因其健康无添加的配方和精致漂亮的包装，不仅满足了大多数女性“守护肠胃、为肠胃添加活力”的购买需求，还满足了该用户群体对美的需求。

由此可见，该饮料品牌能够定位更细分的用户群体，并不断调整和细化品牌定位，使得其品牌仍然能够在市场中占据一席之地。某种程度上说，市场不缺产品，缺的是对消费者个性和自我追求的进一步满足。“小而美”的个性化内容和体验，也正是消费者所需要的。依托“小而美”的哲学，小品牌也是个大生意。

（2）消费者定位：锁定某个细分领域消费者的需求

消费者定位是指通过锁定某个细分领域消费者的需求来

完成“小而美”定位，与自我定位（由内而外）不同的是，消费者定位是由外而内的，以消费者为导向的。

例如，某个服装品牌的定位是“女白领雪纺连衣裙”。其中“女白领”是针对目标消费者做出的人群定位。定位于此后，该品牌从面料到设计到产品宣传，都会围绕女白领展开。在此基础上，该品牌还可以进一步细化，包括见客户时需要的连衣裙、平时上班的连衣裙、面试时候的连衣裙、提案时候的连衣裙等，每一个场景都可以作为一个细分市场，进一步强化“小而美”，以真正地吸引用户，产生极强的用户黏性。

（3）产品定位：挖掘“小而美”的产品矩阵

产品定位是指以产品为视角挖掘出“小而美”。在消费升级和分级的时代，商家和品牌只有不断地升级产品的格调、审美和体验，才能更好地锁住用户。进一步分析，商家和品牌要建立“小而美”产品矩阵，通过产品系列的小创新、微创新，获得不同层级的消费者的青睐，带来更广阔的市场。

例如，某香水品牌，在推出了“凉白开”“大白兔奶糖”等系列产品后，又推出了一系列以二十四节气为主题的香水。随着市场需求的不断变化和品牌的不断创新，该品牌不再局限于生产香水，而是将产品线延伸至洗护、手护、车载香氛、家居香氛等领域，通过“小而美”带给消费者独特的体验，打开了更广阔的市场。

无论是最初的香水还是后期洗护、手护、车载香氛、家居香氛等，该品牌都是通过挖掘“小而美”产品矩阵的方式进一步强化了“小而美”的定位，让品牌在消费者心中扎植。总之，构建一个“小而美”的品牌需要以差异化思维去做规划、思考产品、市场、传播、渠道等，这种积累最终会形成高度差异化的品牌印记，进而以小搏大，这也是“小而美”的新品牌最需要深度思考的地方。除此之外，新品牌也要时刻将自己置身于核心目标群体中，不断地挖掘和倾听消费者的需求，并以此为依据改进产品，与消费者共同成长。

6 容易记，易关联

任何一个新品牌在定位时，几乎都非常关注一个问题，如何让别人记住自己。在信息大爆炸的时代，注意力是高度稀缺的资源。要想达到被消费者记住这一目的，新品牌在定位时就要做到两点：容易记，易关联。品牌名称要好记且易于用户联想。品牌在定位时，同样也是如此。

一般来说，很难被记住的品牌往往默默无闻，表现平平，没有特色和亮点，名字大众化，没有记忆点。因此，新品牌想要成功突围，就必须在定位时抓住“容易记，易关联”两个关键点。

（1）容易记

容易记是指消费者看过一遍品牌名称或品牌标识后就能产生印象，等再次看到时就会有熟悉感。一般来说，容易让消费者记住的品牌名称具有以下几个特点。如图5-6所示。

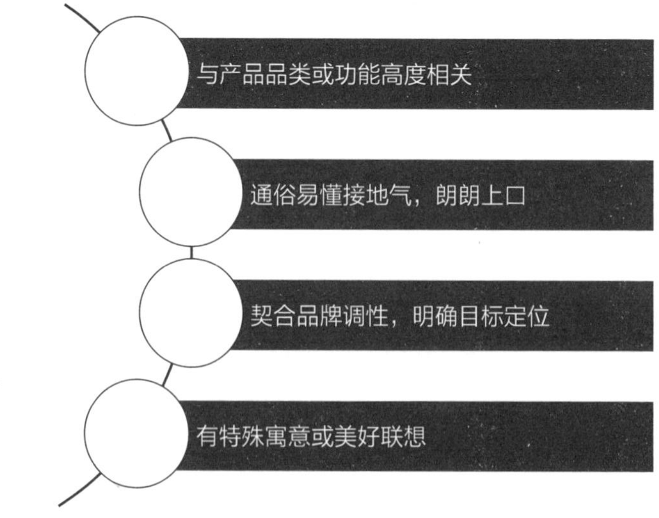

图5-6　实现容易记的4个方法

1）与产品品类或功能高度相关

即品牌名称与其产品或服务相关，很容易让消费者产生记忆关联。

2）通俗易懂接地气，朗朗上口

例如，“娃哈哈”“拼多多”等包含叠字组合的品牌名称读起来不仅朗朗上口，还方便记忆。再例如“福临门”“忘不了”等通俗易懂、接地气的品牌名同样也能给消费者留下深刻的印象。再例如英文谐音，包括“丫米”（谐音代表美味，即yummy）。

3）契合品牌调性，明确目标定位

虽然通俗易懂、接地气的品牌名称更容易记，但是定位高端的新品牌的名称并不能过于接地气，这类品牌还是要从自身的品牌理念和目标定位出发进行取名。只有契合品牌调性，才能让消费者在看到该品牌的时候就能够联想到该品牌的理念和定位。

4）有特殊寓意或美好联想

例如，一款食用油品牌的名称为“福临门”，这个名称充分契合了很多家庭想要“祈福、讨个好彩头”的心理，从而让该品牌在第一次与消费者见面时就深入人心。

除了用品牌名称激起消费者的联想，新品牌还可以从品牌标识出发提升消费者对品牌的第一印象。一个独特的品牌标识往往能够指代一个品牌，形成消费者对品牌的记忆点。具体来说，要让品牌容易被消费者记住，品牌标识至少要具备以下两点中的一点，如果可以两点都具备，那么这个品牌标识的设计就算非常成功了。

1）独特的色彩

很多品牌都有自己的专属色，例如，某饮料品牌就是使用醒目且有活力的红色；某珠宝品牌采用的清爽淡雅的蓝色，赋予其与众不同的品牌气质和独特内涵。体现在品牌标识上的独特的色彩让这些品牌与其他竞争品牌区别开来，也更容易让消费者记住。

2）有助于增强消费者记忆的符号

例如，被吃掉一口的苹果、清雅的山茶花等，这些独特的图形、符号展现出品牌的价值和内涵的同时，又让消费者印象深刻。

（2）易关联

关联的本质是将品牌与消费者大脑中固有的东西关联起来，从而让品牌更快速地进入消费者的大脑，最终在消费者心智中占据一个有利的位置。如图5–7所示。

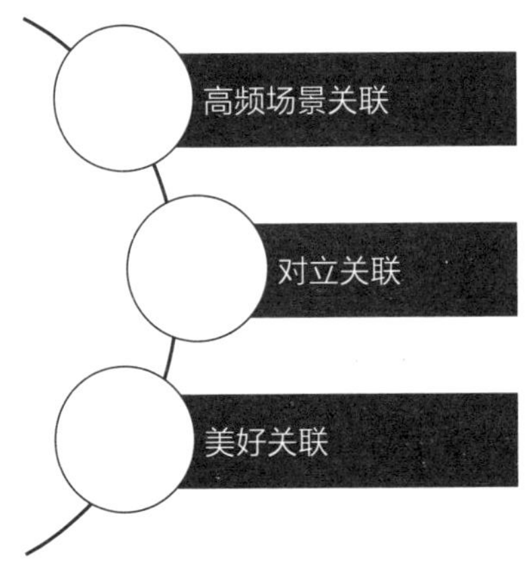

图5-7　实现易关联的3个方法

1）高频场景关联

高频场景关联是指将品牌（产品）与消费者生活中某一种常见的场景关联起来，从而在消费者的心智中占据一席之地。例如，某品牌的宣传语是“今年过节不收礼，收礼只收×××”，就将产品与消费者过年送礼的场景关联起来。

2）对立关联

对立关联即将品牌与消费者心智中的某个竞争对手品牌关联起来，借助对手的定位找到自己的定位，或者强调不一样的定位。例如，某饮料品牌定位于不含咖啡因的非可乐饮料，就是将自己与市场上的可乐品牌区分开来，独占一类，从而加深品牌在消费者大脑中的印象。

3）美好关联

美好关联即与消费者心目中期待的、追求的美好形象关联，让消费者在看到品牌时，能够与脑海中美好的形象相关联，进而增强消费者的好感与印象。例如，某打印机品牌的广告语是“使不可能成为可能”，再例如某口红品牌的广告语是“最适合你的颜色，才是世界上最美的颜色”。这些品牌通过广告语让消费者产生美好的关联，获得一种独特的力量。

总之，要想让新品牌能够被消费者记住，就要在进行品牌定位时抓住“容易记，易关联”这两个关键点，最大化地获得消费者的好感和关注。

7 塑造属于品牌自身的独特优势

随着市场的竞争局面越来越激烈，品牌建设已是大势所趋。一个新品牌要想在市场中抢占先机，就必须足够独特。尤其是在新流量时代，相对于发展成熟的大品牌来说，越来越多的消费者开始喜欢具有独特设计的小众品牌、新品牌。

某盲盒品牌因为独特创新的设计和有趣的价值内涵，深受新消费者尤其是“Z世代”消费者的欢迎。Z世代主要指成长时期与互联网的高速发展时期完全同步、1995年至2010年出生的一代人，这些人是购买盲盒的主力人群。

实际上，该品牌从2015年才开始转型做“盲盒”，之前很长一段时间的定位都是综合零售商，在资本市场也一直表现平平。但是在转型做“盲盒”之后，该品牌不断更新产品形象，通过不断出新品、精品的方式，不断吸引着越来越多的消费者。

为什么一个盲盒品牌能够掀起如此巨浪？因为它做到了独特，且深度把握了新消费者的行为内核，因此，把握并抓住了Z世代消费者的需求就抓住了市场。

在新流量时代，独特、个性、难以替代非常重要，它决定着品牌的利润空间和在市场上的受欢迎程度。成功的品牌定位总是能够充分地体现品牌和消费者的相关性，并展现出与其他竞争品牌的差异化。此外，它们还能够帮助品牌与消费者建立长期、稳固的关系，持续跟踪消费者的需求并提供能够满足他们需求的产品。

要想塑造属于品牌自身的独特优势，新品牌在定位时就需要关注以下几点。如图5-8所示。

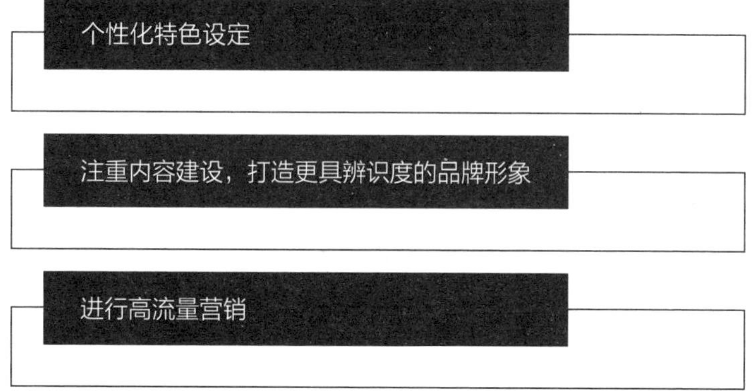

图5-8　实现独特、差异化定位的措施

（1）个性化特色设定

个性和特色是人们了解品牌的第一直观感受，也会影响品牌在消费者心中的整体印象。有个性、有特色才能使自己的品牌与其他品牌形成差异化。差异化竞争更能凸显品牌的与众不同和优势，进而使品牌传递到消费者的内心中，占领消费者心智。在新流量时代，消费者更喜欢具有特色和个性的形象设定，那些拥有属于自身的独特优势的品牌更能吸引大批流量的关注。

要想做好个性化特色设定，商家和品牌就要追求鲜明、独特、与众不同，给消费者耳目一新的感觉。具体来说，商家和品牌可采取以下方法。

1）从产品的功能角度出发进行品牌个性化定位

品牌应提炼产品最有特色、最具优势的功能特点，并将其作为品牌个性化定位，一方面可以让品牌与市场上的同类竞争对手区分开来，另一方面也能够让消费者对品牌形成独家记忆。例如，某药品品牌率先提出“日夜分开服药”的新概念，给用户提供了一个独特的体验。

2）在产品中融入新的元素，力求给消费者独特的体验

例如，某服饰品牌把刺绣、国画、京剧等中国传统文化元素融入服饰设计中，塑造了品牌的独特性，因此在一众服装品牌中脱颖而出。

（2）注重内容建设，打造更具辨识度的品牌形象

内容建设是指对品牌或产品做好内容营销，让其拥有一个丰富的、立体的、可感的、具有辨识度的形象。这一形象不仅可以吸引消费者，还能够给消费者带来不一样的体验，使得消费者更愿意追随该品牌。

内容建设包括为品牌设计一个个性化的形象、写一个独特的吸引人的故事、建设企业文化等，种种要素结合在一起，塑造属于品牌自身的独特优势。

（3）进行流量营销

随着互联网和短视频、直播的迅速发展，新品牌也有了更多的宣传方法，营销方式也变得更多元。对品牌来说，要想打造更强势的影响力，最大化地被用户知晓，就要做好流量营销。进一步来说，商家和品牌一方面可以通过加入各大平台，创建账号，发布内容的方式进行营销；另一方面也可以与各类KOL合作，通过种草的方式进行营销，进一步向用户传递品牌的价值和优势。

总之，商家和品牌要想塑造属于品牌自身的独特优势，就要积极采用个性化的设定、内容建设和流量营销的方式，打造出一个独特的品牌。

第6章

实践：打造新品牌的7个步骤

要想成功打造一个新品牌，企业需要遵循7个步骤，包括赛道选择、强化品牌基因、品牌联名、追求极致、颜值经济、内容营销和品牌联盟。

1 赛道选择：我是谁，我要成为谁

赛道选择就是新品牌需要思考“我是谁、我要成为谁”的问题。这个问题对品牌打造有着举足轻重的影响。很多新品牌之所以失败就是因为它从一开始可能就选错了赛道，使得后面所有的努力都白费或者事倍功半。相反，如果新品牌在一开始选对了赛道，往往事半功倍，能够更好、更快地做出成绩。

某吐司品牌创立于2015年，并于2016年7月开设第一家门店，之后该品牌用5年的时间在全国开了300余家连锁店，年营收规模达到上亿元。该品牌在创立时，正值烘焙市场进入快速发展阶段。该品牌在成立之前对烘焙市场进行调研时，获得两个关键信息：一是烘焙市场是有机会的，是大生意而不是小生意，有很多赛道可以选择；二是全品类烘焙是主流，市场高度分散，没有头部品牌。

于是，该品牌对进入烘焙市场的方向有了新的思考：一是全品类烘焙的市场规模已经做得很大，但也没有办法扩大到全国市场；二是他们认为吐司在西餐中的身份相当于中餐中的馒头或者包子，属于刚需产品。于是，该品牌果断放弃从全品类烘焙赛道切入，选择了面包类别中的高频刚需产品——吐司，并进一步细分，切入吐司面包中更细分的品类——手工吐司。该品牌坚持以手工制作吐司为核心逻辑，定位于高端手工面包第一品牌。

案例中的品牌在选择赛道时，不仅明确了“我是谁”——手工吐司，还明确了“我要成为谁”——高端手工面包第一品牌。正是因为该品牌选择了一条正确的赛道，所以一经推出就获得了突破性的发展。

因此，运营者在打造新品牌时，一定要做好赛道选择。具体来说，新品牌要做好以下几点。如图6-1所示。

选择小品类或者开创新品类

具备“第一”意识，思考品牌对市场和用户的价值

图6-1　赛道选择需关注的两大重点

（1）选择小品类或者开创新品类

某种程度上，除非资金雄厚、资源丰富，否则新品牌大多数时候更偏向于选择小品类赛道切入，这样既能最大化地发挥出所拥有资源的价值，又能更好地服务目标用户。

除了选择小品类赛道切入，新品牌还可以开创新品类赛道，往往也能获得意外的惊喜。尤其在新品牌层出不穷的互联网时代，新品牌开创新品类往往更能够做出光彩，与其他的品牌区别开来。例如，自热锅是速食的新品类，冷萃咖啡是咖啡的新品类，植物肉是肉类的新品类。

> 某咖啡品牌开创了超即溶咖啡品类，将品牌定位为精品速溶咖啡，主打产品为3秒即溶现磨口感咖啡，该品牌就是通过关注小众市场需求，找到细分赛道，开创新品类，从而抢占了精品速溶咖啡市场。

（2）具备“第一”意识，思考品牌对市场和用户的价值

如果说选择和开创新品类回答的是“我是谁”的问题，那么具备“第一”意识，思考品牌对市场和用户的价值则回答的是“我要成为谁”的问题。这里的“我要成为谁”对内是对品牌自身价值的审问，即新品牌自己想要达到一个什么

样的位置，实现什么样的成就，市场第一还是第二，行业第一还是第二，对外则是思考自己的存在对于市场和用户有什么样的价值，例如，某零食品牌的目标是不但要为用户提供最好的味道，也要给他们提供最好的购买体验，这也是“我要成为谁”的重要体现。

对新品牌来说，一方面，品牌要具备“第一”意识，这种意识使得新品牌不至于碌碌无为；另一方面，新品牌也要在定位时思考自己能够为市场和用户带来什么。只有将两者结合，才能更好地回答“我要成为谁”的问题。

总之，赛道选择是打造新品牌的重要一步，运营者一定要对此慎之又慎。只有真正思考清楚“我是谁”“我要成为谁”的问题，才能找到自己的优势特色，成功切入市场。

2 提升价值：我如何成为最好的自己

某种程度上，在同一个领域里的各个品牌，其产品功能可能差别并不大，这就意味着新品牌要想脱颖而出，就要不断提升自我价值，强化品牌基因，思考如何成为最好的自己。

品牌基因包括品牌核心价值和品牌个性，不同的品牌基因是不同品牌之间形成差异化的根本原因。品牌基因也是品牌资产的主体部分，它让消费者明确、清晰地记住并识别品牌的利益点与个性，是驱动消费者认同、喜欢乃至爱上一个品牌的主要力量。

成功的品牌基因能够让用户一眼就看出或者联想到品牌及其产品，感受品牌的不同与独特的价值。例如，某品牌汽车的独特车灯设计，明显区别于其他品牌的车灯，因此该品牌的车即便被遮住车标，消费者也能一眼看出它的品牌。这就是一个优质品牌基因的重要价值，它能够深深地印在消费者的脑海中，提升品牌的识别性。

重视自我价值实现、追求高品质的90后、95后新生代父母逐渐成为母婴消费主体，但是市场上大部分母婴产品同质化严重、核心功能不突出，与新生代父母个性化育儿和自我实现的需求相悖。

如图6-2所示，i-baby品牌从2008年诞生之初，就秉承“better for baby”的产品理念，以“科技创新+创意设计”为基础，不断融合东西方育婴理念，全心全意打造高端母婴爆品。一方面i-baby品牌能够及时洞察到新生代父母的核心诉求，聚焦婴童恒温睡眠场景化打造，创造性地开发出婴幼儿恒温睡袋品类。随后的十多年来，i-baby品牌始终深耕婴童恒温睡眠这个细分领域，丰富产品品类，形成恒温睡袋、恒温睡衣、恒温睡枕、恒温睡被等强大的恒温睡眠矩阵，强化品牌基因，因此，该品牌成功突围。另一方面，该品牌也不断进行工艺迭代和细节升级，让产品兼具更多的功能属性，用科技解决育儿难题，具备了独特的竞争力，成为市场上“独一份”的存在。

图6-2　i-baby品牌睡袋产品（品牌创始人王耀民）

在打造新品牌时，运营者可以从以下几点着手提升品牌价值，强化品牌基因。如图6-3所示。

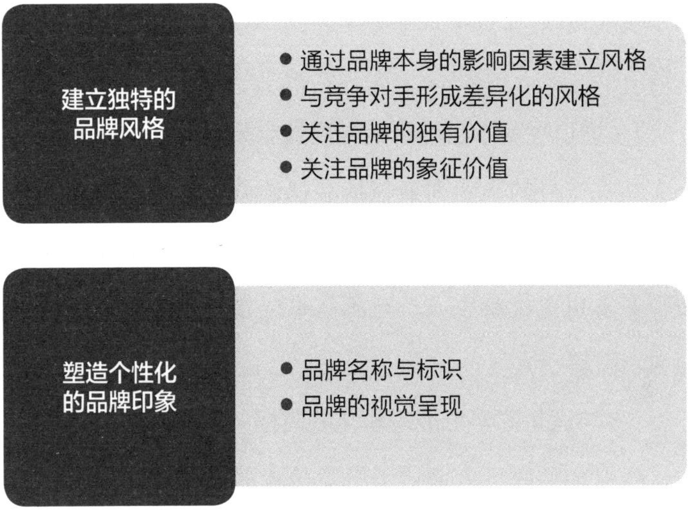

建立独特的品牌风格

- 通过品牌本身的影响因素建立风格
- 与竞争对手形成差异化的风格
- 关注品牌的独有价值
- 关注品牌的象征价值

塑造个性化的品牌印象

- 品牌名称与标识
- 品牌的视觉呈现

图6-3　强化品牌基因的方法

（1）建立独特的品牌风格

品牌风格通常是指在目标品牌主题的约束下，通过品牌设计，以美学表达的方式表现出品牌的核心价值、个性与特质，它是品牌物质和精神的最高契合。有效的、可识别的品牌风格既能展现品牌的美学特征，又可以帮助消费者快速识别品牌。通常来说，每一个品牌都有其主打风格，它主导着品牌产品的调性。以女装品牌为例，大体风格有休闲、潮牌、淑女、职业等。以休闲风格为例，休闲风格通常给消费者最大的感受是，衣服常以棉麻为主且偏宽松，舒服伸展。

要想建立独特的品牌风格，商家和品牌可以采取以下方法。

1）通过品牌本身的影响因素建立风格

品牌本身的影响因素包括品牌领域、品牌发源地、品牌定位、品牌文化等。例如，某品牌定位是高端市场，那么其品牌通常也更优雅宜人，充满高贵气息，整体品牌风格会更简洁、高端、大气。

2）与竞争对手形成差异化的风格

商家和品牌可以通过了解竞争者的品牌风格，来找出品牌价值的差异化，这样也能形成独属于自己的品牌风格。例如，某服装品牌发现竞争对手的风格是酷帅风格，于是其品牌风格是甜美淑女风，其每一件衣服都是以淡淡的浅粉色和粉蓝色为主，进而给消费者传递出一种与酷帅风格不同的温柔甜美的感受。

3）打造品牌的独有价值

品牌的独有价值是通过品牌风格和产品利益、功效、作用，以及品牌给消费者带来的各种好处所表现出来的价值。品牌的独有价值是消费者对于品牌的体会和接受的总和，它也能形成独特的品牌风格。例如，某洗发水品牌专攻如何帮助消费者去头皮屑，并且在帮助消费者去头皮屑的同时，又能让消费者的头发保持清爽，并且在这方面取得了良好的成绩，也能让消费者轻易地与其他品牌区别开来。

4）建立品牌的象征价值

象征价值是隐藏在品牌内的、却能被消费者深刻感知的价值，有的品牌象征财富，那么拥有它的人就会感觉到自己拥有了财富；有的品牌象征尊贵，那么拥有它的人就会感觉到自己拥有了尊贵；有的品牌象征阳光，那么拥有它的人就会感觉到自己拥有了阳光。商家和品牌也可以通过品牌的象征价值来建立品牌风格，例如品牌象征价值是阳光向上，也能形成独特的风格，与其他的品牌区别开来，也能让消费者对你的品牌建立不一样的情感寄托。

（2）塑造个性化的品牌印象

第一印象效应不仅在人与人之间的交往中发挥着重要的作用，在消费者认识品牌时同样也发挥出作用。第一印象效应是指人第一次接触另一个人（或事物）时产生的印象，它对后续交往有着较大的影响，即先入为主。如果消费者在看见品牌的第一瞬间，能够感受到其独特的品牌风格，那么消费者也会对此品牌产生不一样的感情。相反，如果品牌风格并没有带给消费者强烈的感受，那么消费者很可能转瞬即忘。要想品牌风格能够给消费者留下这些感受，商家和品牌就要塑造个性化的品牌印象。

1）品牌名称与标识

品牌名称和特定的品牌标识常常以其鲜明的、独一无二的特征，让消费者感受到清晰的品牌印象。例如，某品牌手机“被咬了一口的苹果”的标识，简洁、形象、生动，能够让消费者迅速地把它与其他品牌的标识区别开来，给消费者留下独特的印记。因此，商家和品牌要在品牌名称与标识上下功夫，设计出独特的品牌名称与标识。

2）品牌的视觉呈现

品牌的视觉呈现通常也能给消费者留下深刻的印象，因此，不少品牌使用比较有特色或有代表性的颜色，通过给用户呈现不一样的视觉效果与其他品牌区别开来。视觉呈现包括品牌的产品特色、颜色、店铺风格等，进一步说，商家和品牌在打造时要根据目标消费者的特点选择不同的视觉呈现方式。以年轻化品牌为例，通常活泼的、个性化的、精致的视觉呈现效果就十分吸引年轻消费者群体，让他们留下深刻的印象。

总之，新品牌通过确立其风格和特色，提高其辨识度，传达其独有的价值观，进而确立品牌的优势，形成品牌独特的竞争优势，获得消费者的认可和接纳。

3 品牌联名：如何更快地让更多人知道我

为了营造1+1>2的市场营销效果，获得更强的市场关注度和吸引力，不少品牌采取联名的方式进行营销。所谓“联名”即品牌跨界合作，通过和其他品牌、IP、名人的合作产生新的产品，借助彼此的影响力，提升曝光度与话题度，强化品牌形象与价值。

通常来说，品牌联名主要有“品牌+名人”“品牌+IP”“品牌+品牌”3种形式，如图6-4所示。

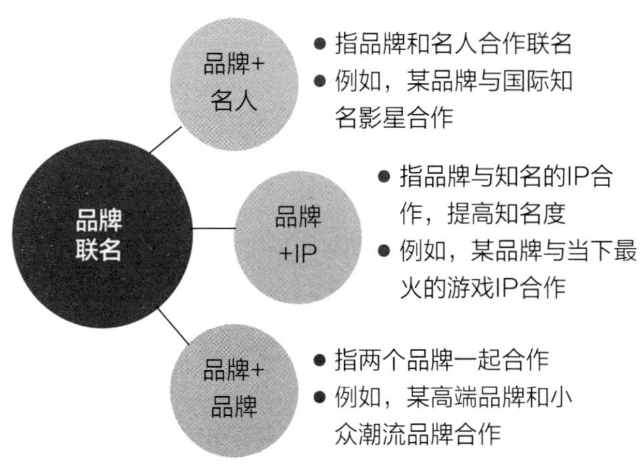

图6-4 品牌联名的形式

无论什么形式的品牌联名，本质都是通过不同品牌或产品的碰撞所产生的“化学效果”来制造话题点，短时间内吸引消费者的关注，通过丰富和创新品牌和产品的风格与形象，激发消费者的热情，让品牌突破原有的传播领域局限，打入更广泛的消费圈层。

> 某高端服装品牌和代表着年轻潮流的某新服装品牌推出联名款服装系列。该系列的服装虽然价格不菲，但是仍然无法阻挡消费者的热情。几天之内，这些联名款服装就被抢购一空，甚至在某些线下店排千人大长龙。通过这次“品牌×品牌”的联名活动，不但让更多人知道了这个代表年轻潮流的新品牌，还使该高端服装品牌获得了很多年轻消费者的青睐。

越来越多的品牌开始通过联名的方式，激活社交流量，驱动品牌传播，提高产品销量。在开展品牌联名营销的时候，新品牌需要注意以下几点。如图6–5所示。

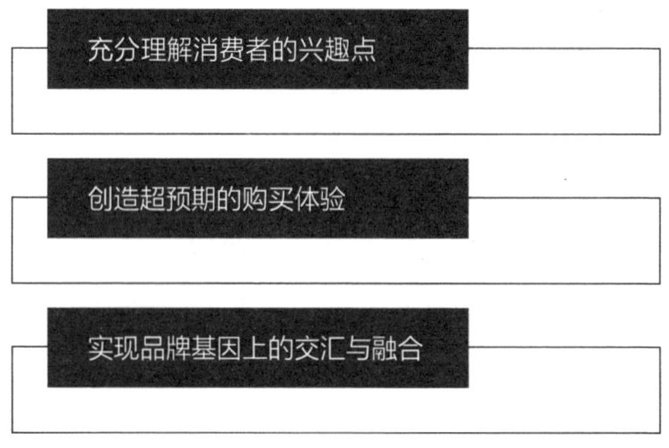

图6–5　品牌联名的3点注意事项

（1）充分理解消费者的兴趣点

在碎片化的社交传播环境中，无论是创意还是产品，消费者面临的都是物质和信息的爆炸。这就意味着并不是每次品牌联名都能在消费者中激起水花，品牌联名后推出的产品也可能被淹没在市场中。因此，要想做好品牌联名，关键是要充分理解消费者（尤其是目标消费者）的兴趣点，创造他们喜爱的内容（产品），让传播内容具有话题性，开发的联名产品要具有稀缺性。

确定品牌联名后，核心是如何通过创意生成，造出社交声势。考虑到消费者生活在不同的圈层，他们感兴趣的内容不尽相同，品牌需要转换思维，以品牌为中心去吸引他们。进一步说，品牌需要思考，联名时如何通过制造新鲜感和话题度，吸引消费者关注、讨论和购买产品。

> 某服装品牌与另一服装品牌推出联名款T恤，在正式发售前，官方就放话说“这将是××（品牌名）最后一次和××（品牌名）进行合作”，从而在短时间内有效地提升了话题度，并且给消费者传递出了一种“过了这个村，就没这个店了”的稀缺感，另外此次联名款数量有限，因此在一分钟以内所有线上库存均被抢完。

（2）创造超预期的购买体验

超预期的购买体验主要是指给消费者提供超预期的产品（或产品背后的服务），从而给消费者带来一种消费的愉悦感和惊喜感，从而大大地提升消费者的期待值，甚至让消费者自动在自己的圈层中传播。尤其是品牌联名，如果企业能给消费者一种超预期的产品体验，不仅能够提升消费者的满意度，还能有效扩大口碑宣传，让更多的消费者加入其中。

因此，参与联名的品牌要创造超预期的购买体验，主要可以采取以下的方法。

1）满足消费者的显性需求

这是第一层也是最基础的满意度，正如联名款的T恤带给消费者最基础的需求是满足消费者穿衣服的需求。

2）满足消费者的隐性需求

这是第二层惊喜，这主要是指品牌联名产品的颜值、设计、包装等因素给用户的惊喜感，常见的有潮流品牌推出的联名款鞋子，其独特的设计和夺目的颜色能够激发消费者的好奇心。

3）进一步满足消费者的隐性需求

这是第三层惊喜，这以联名品牌给消费者提供额外的优惠为主，例如，消费者购买联名款T恤，品牌会赠送同是联名款的衣服吊坠或小玩偶等，这能给消费者超预期的购买体验。

值得强调的是，无论是什么形式的品牌联名，品牌都需要在原料、生产、品质上进行把关，而不是以联名为噱头，给消费者粗制滥造的产品。

（3）实现品牌基因上的交汇与融合

品牌联名并不是简单地叠加品牌，或者只是简单地推出一个联名款产品。更重要的是，双方能够实现品牌基因上的交汇与融合。为此，在开展品牌联名活动时，要充分挖掘双方品牌中有价值的基因，找到共鸣之处作为活动的核心，这样才能最大化地展现出品牌联名的深层次价值。

> 某小众香水品牌与某知名奶糖品牌联名推出了一款具有奶糖香味的香水。该品牌奶糖独特的奶味和香水味混合在一起，让消费者感受到一种熟悉却有细微区别的味道。产品一经发布，迅速成为热门且有话题的产品。

如果两个品牌在保持特色的前提下又能实现融合，不仅可以摩擦出更多的火花，还能够将双方的消费者汇聚起来，从而实现互利共赢。

商家和品牌可以通过以上3种形式的联名，并在充分理解消费者的兴趣点和力求给消费者创造超预期的购买体验的前提下，最大化地实现品牌基因间的交汇与融合，从而使联名款产品（或服务）在消费者心中留下独特的感受，让消费者自发地进行传播，从而实现“更快地让更多的人知道我”的目的。

4 追求极致：如何让用户真正认可我

不少品牌不愿意花时间、花精力去打造产品，一味求快、求量，在产品质量、售后服务、技术和外观等方面的努力还远远不够，缺乏匠人精神。这些品牌往往很难在激烈的市场竞争中生存下来，即使一时打开局面也会很快被消费者抛弃。

在激烈的市场竞争中，要想真正获得消费者的认可，新品牌一定要具备匠人精神，在产品研发和生产方面追求极致。

匠人精神是指工匠们对自己的产品有着精雕细琢、精益求精的精神，专业，专一，细致，追求极致的美。某种程度上，匠人精神本身就是一个品牌的强大竞争力。

某手机品牌从创业初始就坚持做精品，把产品质量放在首位，对产品的每一个模具、每一款设计、每一个零件、每一个工序、每一个细节都精心打磨、专心雕琢。该品牌的运营者认为，只有对质量精益求精、对制造一丝不苟、对完美孜孜不倦，才能让品牌在激烈的市场竞争中占据优势。也正是凭借着这份独特的匠人精神，该品牌在短短的几年内就畅销全球，跻身全球手机行业的前三强。

对品牌来说，匠人精神的核心是不仅把品牌作为赚钱的工具，而是要本着对产品和服务精益求精、精雕细琢的态度，为消费者提供更优质的产品和服务，进而让消费者发自内心地认可品牌。

新品牌要想获得用户的真正认可，就一定要秉持匠人精神，具体来说，需要注意以下几点。如图6-6所示。

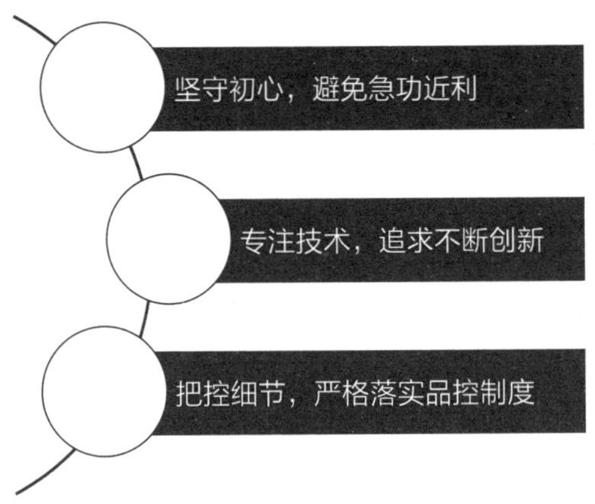

图6-6　具备匠人精神的3点要求

（1）坚守初心，避免急功近利

不少新品牌常常将赚钱和出名放在第一位，这样的心态导致新品牌很难去真正思考“用户需要什么”“我的品牌对社会有什么价值”等更具有价值、更长远的问题。品牌建设不是一日之功，既要防止急功近利，又要防止浮躁、浮夸，要向行业榜样学习，与巨人同行。所以，运营者在打造新品牌时，一定要坚守初心，多从给用户和社会提供好产品、好服务的角度去思考，始终以品牌价值为首要目标。

（2）专注技术，追求不断创新

某种程度上说，品牌要想在众多的品牌中突围，专注技术（尤其是核心技术）是关键。品牌无论属于哪一个行业，都要将本职工作做实、做透。

> 某卫浴品牌的创始人从品牌创立至今一直在贯彻专注技术的方针。其创始人曾表示“把产品做好，是成为优秀品牌的基础。而要想成为领导品牌，则必须把产品做到极致。”基于做到极致的理念，该品牌的每一件卫浴产品的研发、生产、销售和服务都经历了极为严苛的过程。商家和品牌在产品的研发、生产和销售及服务等环节，都要不断地提升技术，不断地提升产品和服务的价值。

除此之外，创新也非常重要。尤其在互联网时代，品牌若是不创新求变，同样也会面临被淘汰的窘境。因此，商家和品牌不要总是沿袭别人的脚步，要多从品牌的理念、价值、产品、功能、样式、内核等角度出发进行创新，持续为消费者带来耳目一新的品牌感受。

（3）把控细节，严格落实品控制度

打造品牌并不是一个随心所欲、天马行空的过程，它需要品牌做好细节把控，并严格落实品控制度，否则即便制度设计再精细，管理方法再新颖，若是没有落实，产品品质也会大打折扣。例如，某建筑品牌有着严格的施工流程、详细的作业规范、周密的安全措施以及事后检查标准，因此由其设计的每一个建筑物不仅造型优美，而且质量过硬。

因此，商家和品牌要有把控细节，落实品控制度的意识。对细节的把控不仅可以具体到工作的具体环节和程序中，还可以将这些注意事项以条例的形式撰写下来，贴在企业内部，让每一位员工都能记在心中。

总之，追求极致的匠人精神对新品牌的长久发展有着重要的价值，是企业竞争发展的品牌资本，是员工个人成长的道德指引，更是获得用户真正认可的利器。

5 突出“颜值”：我如何取得年轻用户的青睐

颜值是指产品的外观要时尚靓丽、设计新颖夺目。很大程度上说，品牌和产品的“颜值”决定消费者的第一印象，无论是在工业时代还是互联网时代，“颜值”都自带强大的说服力。精致、个性、文艺、复古、时尚、新潮等都是描述“颜值”的词语，不管哪种“颜值”都能牢牢地抓住喜欢它们的消费者的目光。某种程度上说，高“颜值”的品牌形象和产品是品牌的门面和招牌，甚至是品牌的第一产品力。这一点在即将成为消费主力的年轻用户身上表现得更为突出。

年轻用户具有巨大的消费潜力，产品的“颜值”是影响他们购买决策的主要因素之一。尤其是消费升级带来的审美的“跃升”——在产品的功能已经趋同的情况下，外观设计带来的视觉冲击成了品牌间最重要的竞争点。因此，品牌要想吸引年轻用户的关注，就要突出品牌和产品的“颜值”。

尤其是当新品牌本身还不具备“品牌”该有的价值时，就更要在产品外观、色彩、延展元素、广告语、门店形象等方面做出努力。随着“颜值”经济时代的到来，品牌和产品的高“颜值”正在成为促进品牌传播的重要因素。具体来说，新品牌要从以下几点突出“颜值”。如图6-7所示。

突出产品“颜值”	突出场景“颜值”	突出业绩“颜值”	突出员工“颜值”	突出用户“颜值”
● 设计具有创新性、个性化、外观好看的产品 ● 从产品的研发、设计和生产等环节去提升产品的颜值	● 从产品的生产场景、销售场景或使用场景出发，突出产品的颜值	● 针对品牌的经营规模和盈利水平、产品销售量及销售额等方面对品牌进行营销和宣传	● 从员工的文化水准、技能水平、精神风貌、内在素养和外在仪表等方面展示品牌的颜值	● 通过展示并突出品牌或代言人的形象、产品忠实用户使用产品后的形象等

图6-7　突出“颜值”的5个措施

（1）突出产品“颜值”

要想突出产品“颜值”，商家和品牌就要设计具有创新性、个性化、外观好看的产品，因为其不仅能够在第一时间直接抢占消费者的视线，还能激发他们按下购买按钮的欲望。

某新锐美妆品牌凭借着高颜值，获得了年轻消费者的喜爱和拥护。以口红为例，该品牌出了一款微雕口红，该口红的特色是在口红表面运用微雕手法制作出精美细致的花纹，花纹浪漫绚丽，蕴藏着美感和时尚。此外，该口红的外壳采用浓绿色亚光设计，材质中融入了许多亮晶晶的细闪粉，使得整个口红更具有低调奢华的内涵，提升了整体质感，让整个口红成为一件充满诗意的艺术品。于是，产品一发布，就获得了十分可观的销量。

该品牌精确地瞄准年轻用户的兴趣点，将中国风和彩妆用到了极致，很好地突出了产品的颜值，它也因此成为备受消费者欢迎的产品。

商家和品牌可以从产品的研发、设计和生产等环节出发去提升产品的颜值。以产品设计环节为例，商家和品牌可以先通过各种渠道了解当下消费者的审美趋向，并请具有良好审美的设计师设计出精致美丽的产品。

（2）突出场景“颜值”

场景“颜值”是产品“颜值”的重要组成部分，即所谓的“氛围感”。

商家和品牌可从产品的生产场景、销售场景或使用场景出发，突出产品的颜值。具体来说，在产品的生产和销售场景中，商家和品牌可以通过生产和销售场景的规模、装修、设备的先进性方面展示出产品的“颜值”。在产品的使用场景中，商家和品牌可通过场景的设计、布局、色彩、装饰灯等，全方位地突出产品和品牌的形象。

（3）突出业绩“颜值”

业绩“颜值”主要是指商家和品牌可以针对品牌的经营规模和盈利水平、产品销售量及销售额等方面对品牌进行营销和宣传，通过亮眼的、具有说服力的数据增强年轻消费者对品牌和产品的信心。也就是说，商家和品牌要将企业的盈利水平、产品销售量及销售额清晰地整理并展示出来。

（4）突出员工“颜值”

员工也代表着品牌形象，员工的一言一行都必然影响到品牌给用户留下的印象。因此，商家和品牌也需要从员工的文化水准、技能水平、精神风貌、内在素养和外在仪表等方面展示品牌的颜值。具体来说，商家和品牌可通过培训、送员工学习、定期考核等方式，有效地提升员工的“颜值”。

（5）突出用户“颜值”

突出用户“颜值”主要是指商家和品牌通过宣传品牌忠实用户的“颜值”来提升品牌在目标用户心中的地位。用户“颜值”与其年龄、职业、收入、受教育程度、生活形态、个性、气质、社会地位等息息相关。

商家和品牌可通过展示并突出品牌或代言人的形象、产品忠实用户使用产品后的形象等，向其他用户传递出“我要是使用该产品，也能如此美丽”的信息，进而使消费者认为自己也属于这一美好的群体，进而产生购买该产品的欲望。

总之，外观精致漂亮的产品能够直接激发消费者的购买欲，充分表达自我个性的产品也会更受欢迎。新品牌要想取得年轻用户的青睐，就一定要通过“颜值”这一关，品牌可从以上5个方面入手，全方位地突出“颜值”。

6 内容营销：我如何讲一个动人的故事

在打造新品牌的过程中，内容营销也是其中关键的一环。内容营销的核心就是故事，因为故事是人们最容易接受的传播方式，许多优秀的产品、传奇的人物，都是由一个个动人的故事构成。因此，运营者要想让新品牌快速吸引用户的关注，打动人心，就要学会为品牌或产品讲一个动人的故事。

某矿泉水品牌用广告讲了一个数学家与一个公主因为一瓶××（品牌名）矿泉水而相遇的浪漫故事，引发了人们无限的遐想。

有这样一个故事。穷困潦倒的数学家笛卡尔常在马路边研究数学题，有一天年轻的克莉丝汀公主走下车与他交

> 谈，两人一见如故。此后相差34岁的笛卡尔和克莉丝汀相爱，国王发现后便处死了笛卡尔，在最后笛卡尔写给克莉丝汀的情书中出现了$r=a(1-\sin\theta)$的数学坐标方程，解出来是个心形图案即著名的“心形线”。

这个故事一方面印证了该矿泉水品牌宣扬的“水中贵族”口号，另一方面通过一个浪漫的、动人的爱情故事为人们制造了美好的想象，使人们对品牌和产品产生更多的好感。

（1）什么样的故事更加动人

通常情况下，一个动人的故事具备3个特点。如图6–8所示。

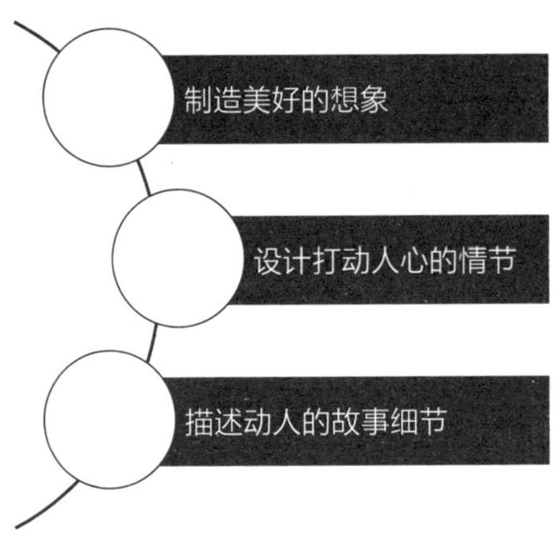

图6–8　动人的故事具备的特点

1）制造美好的想象

人们更喜欢美好的事物，也喜欢在美好的事物或载体上寄托自己美好的愿望。如果新品牌能够创作一个可以寄托人们美好愿望的故事，并成功地引导消费者将这种美好的愿望投射在品牌或产品上，就真正达成了内容营销的目的。

2）设计打动人心的情节

动人的故事一般都会有打动人心的情节，而打动人心的情节往往与人的情感紧密相关，包括亲情、友情、爱情等。除此之外，打动人心的情节往往还蕴含温暖、励志、拼搏等积极向上的价值观。

3）描述动人的故事细节

在某种程度上，一个动人的故事往往以细节取胜。这里的细节既可以是一个眼神、一个动作、一句话，也可以是一个场景、一个物件、一首歌。这些动人的细节宛如画龙点睛，成为故事中最吸引人的一笔。

（2）如何讲一个动人的故事

讲一个动人的故事并不是一件容易的事情，需要新品牌的运营者进行深入的分析和研究。具体来说，要想讲一个动人的故事，新品牌的运营者需要思考以下3个问题。如图6-9所示。

这个故事要表达什么，是否能引起消费者的广泛共鸣，是否契合品牌或产品的定位

故事要从哪里切入，如何和品牌、产品产生连接

故事的内容和情感是否符合目标消费者的审美需求和情感需求

图6-9　讲一个动人的故事需要思考的3个问题

1）这个故事要表达什么，是否能引起消费者的广泛共鸣，是否契合品牌或产品的定位

对于新品牌的内容营销来说，不仅要讲一个动人的故事，更要讲一个有助于宣传品牌和产品、能够引起消费者广泛共鸣的故事。为此，新品牌的运营者需要明确以下3点。

首先，明确故事的主题、情节和表达逻辑，即这个故事要表达什么。一个好的故事必须要有明确的主题和表达逻辑，才能更好地将想要传递的内容完整地传递给读者。

其次，明确消费者是否能够与故事中的情节、情感等要素产生连接，即这个故事是否能够引起消费者的广泛共鸣。只有让消费者在故事里找到共鸣，才能更有效地打动对方。

最后，明确这个故事是否围绕新品牌或产品的定位进行

创作，即这个故事是否契合品牌或产品的定位。例如，某品牌的定位是高贵、冷艳，但该品牌在内容营销中传播的故事的氛围却是温暖、接地气的。虽然一个温暖、接地气的故事更容易引起消费者的广泛共鸣，但是与品牌定位不相符很容易让消费者对品牌定位产生认知混乱，结果只能适得其反。

2）故事要从哪里切入，如何和品牌、产品产生连接

在某种程度上，内容营销的故事是为品牌和产品服务的，因此新品牌的运营者在讲故事的时候一定要想清楚故事从哪里切入，以及如何与品牌、产品产生连接。

为新品牌讲故事有两种切入方法。

一是从问题切入。即新品牌的目标消费者遇到了一个什么样的问题，或者因为某个方面的问题出现而感到非常困扰，以此作为故事的开始。然后，故事围绕该品牌的产品如何解决故事开头提到的问题而层层展开，最后出现皆大欢喜的结局。

二是从剧情切入。即围绕某一个剧情展开故事，如情侣出现误解、在公众场合遭遇尴尬事件、被别人漠视等。从剧情切入的优势比较明显，首先，剧情切入更有故事感，也能快速地将消费者带入情境中，感受故事的氛围；其次，随着剧情的深入，消费者的情感也会跟随剧情人物产生波动；最后，将该品牌的产品的特点、功能或精神植入剧情中，不会

显得过分突兀，更容易让消费者接受。

3）故事的内容和情感是否符合目标消费者的审美需求和情感需求

完成以上两个步骤之后，一个主题明确、逻辑清晰的故事思路基本上就诞生了。但是，有一个容易被新品牌的运营者忽视但是非常重要的问题——这个故事的内容和情感是否符合新品牌的目标消费者的审美需求和情感需求？如果故事传递的内容及情感和新品牌的目标消费者的审美需求和情感需求相悖，那么产生的负面影响将不可估量。这不但会影响到新品牌的营销，甚至会对品牌或产品产生致命的打击。例如，目标消费者是为孩子付出的全职妈妈，但是该品牌宣传的是追求独立的职场女性，就有可能会伤害到目标消费者的情感。

总之，一个动人的故事对新品牌营销有着重要的影响，它能够有效地帮助新品牌快速抢占消费者心智，并且产生不一样的感情。但是，新品牌的运营者不能为了哗众取宠而创作一个与品牌和产品不相关，甚至与目标消费者的价值观和审美需求相悖的故事。只有和品牌和产品深度相关的、传递出温暖的、动人的故事才能真正地打动消费者，实现品牌营销的目的。

7 品牌联盟：从1到N，从“我”到“我们”

不少新品牌认为市场上有很多的竞争对手，因此喜欢单打独斗。如此一来，新品牌要想提高自身的竞争能力，只能通过不断地进行内部挖掘来实现，而内部资源是有限的，因此品牌竞争能力的提高速度往往也被限定在企业自身的资源范围内。著名管理大师大前健一称：“在今天的世界上，没有任何公司可以靠单干保持竞争优势。”因此，与其他品牌联盟是保障新品牌快速成长和发展的重要策略。

品牌联盟是指品牌间在考虑策略目标的情况下结成盟友，自主地进行互补性资源交换，各自达成目标产品的阶段性目标，最后获得长期的市场竞争优势，并形成一个持续而正式的关系。品牌可以通过联盟转化新品牌某方面的资源劣势，或者与另一个品牌形成互补互助，降低风险，进而使得利益最大化，获得多赢局面。

某新型汽车品牌A虽然研发能力非常好，拥有几十项专利技术，但因为没有政府的资助，又难以保证稳定的质量而难以打开市场。知名汽车品牌B恰好在产品质量上有很高的声誉，并且该品牌还拥有非常出色的现金管理能力，这些正是汽车品牌A所欠缺的。而汽车品牌B虽然在传统汽车生产领域拥有优势，却并不擅长新型汽车研发，市场竞争力也因此逐渐下降。基于各自的优势互补，这两个汽车品牌开始联盟，共同发展。经过期间的种种磨合和共同努力，最终打造了一款高质量的新型汽车，实现了双赢。

可以看出，两个汽车品牌间的联盟不仅可以实现优势互补，还创造出了新产品，进而创造了更大的利益空间。但是品牌联盟也并不是简单地寻找另一个同盟者，要想真正发挥出品牌联盟的价值，需要新品牌的运营者注意以下几点。

（1）慎重选择合适的联盟伙伴

在选择合适的联盟伙伴时，建议参考以下几条标准。

1）选择有真正联盟诚意的伙伴，而不是心血来潮、尚未经过深思熟虑的合作伙伴。

2）选择有相同或相近的价值观的联盟伙伴，最大化地消除信息不对称所产生的影响。

3）联盟伙伴的产品和市场立足点应能够对自己的品牌和产品形成有益的补充。品牌联盟的最终目的是通过不同品牌之间的优势互补及资源整合达到“1+1>2”甚至是“从1到N”的效果。因此，新品牌需要确定联盟伙伴是否具备某种竞争优势，并且这种优势是否能在一段时间内保持稳定，具有较强的发展潜力。

4）能够建立长期战略合作伙伴关系的联盟伙伴。很多时候联盟伙伴之间会存在战略目标差异的问题，此时就需要双方进行协调，求同存异，共同寻求缩短目标距离的途径和利益契合点，并在此基础上建立相对紧密的战略合作伙伴关系，把品牌联盟当成长久经营的事业。如果经过协调发现无法和对方建立长期的战略合作伙伴关系，那么对方就不是合适的联盟伙伴。

（2）坚持诚信互助的合作态度

品牌联盟的成功取决于创造性的智力合作和各个品牌的能力，有时还有更多的其他因素，但最重要的是诚信互助的合作态度。联盟过程中会遇到很多复杂问题和困难，这个时候品牌之间会因为各自利益而出现分歧，甚至出现一方在追求自己的利益时损害另一方利益的情况。一旦陷入这种局面，品牌联盟不但无法发挥优势，甚至会给品牌带来毁灭性的灾难。

因此，新品牌需要抱着诚信互助的心态去寻找同频的另一半。只有每个品牌都坚持诚信互助的合作态度，才能在面对一些无法预知的风险时，大家都一致对外，一心一意地面对风险、解决困难。同时，坚持诚信互助的合作态度也有助于品牌在面对分歧时，能站在对方的立场和利益上思考问题，促使各品牌之间寻求更深的共识，达成建设性的解决方案。

（3）建立完善的信息沟通网络

信息在联盟内迅速传递和处理是品牌联盟成功的重要前提，也是品牌联盟形成核心竞争力的重要条件之一。联盟的各方品牌一定要注重并建立完善的信息沟通网络，通过积极有效的沟通，尽可能地保持各方品牌的发展目标与联盟的发展目标高度一致。

总之，对新品牌来说，若想建立牢固、坚实的品牌联盟，就必须谨慎选择合适的联盟伙伴，并坚持诚信互助的合作态度，建立完善的信息沟通网络，进而实现“从1到N”、从“我”到“我们”的突破。

第7章

出圈：个人如何打造新品牌IP

打造个人品牌成为优质IP，已然成为新流量时代商家和品牌赚钱的必备技能。对于商家和品牌来说，打造个人IP可以是打造创始人的个人IP，也可以是某个员工的个人IP，还可以是虚拟代言人的个人IP。在新流量时代，我们不建议打造明星代言人的个人IP。那么，如何打造个人IP呢？本章将针对这个问题提供可实操的策略。

1 个人IP进化的第一原理：筛选

当我们想要去孵化一个IP的时候，很多人的第一反应是“打造”，其实个人IP进化的第一原理是筛选。为什么是筛选，而不是打造？因为只有极少数人才有可能真正成为IP。

即便在新流量时代，IP也是稀缺的。对商家和品牌来说，选择打造个人IP也是一项典型的高准入门槛的业务。对于高准入门槛的业务来说，筛选符合标准的生产资料是第一要义。换句话说，如果我们做好“筛选”这个第一性的动作，那么这个业务可能就已经成功了一半。

那么，我们如何评估自己是否适合打造个人IP呢？

（1）团队特征

团队特征显示了商家和品牌创始人的个人心智和团队的组织心智，比如创始人的思维方式、团队信念、团队曾遇到的发展高峰期等。这些特征是很难被颠覆的，因为它的颠覆约等于重建一家公司或重新发展一个品牌。

值得一提的是，这里我们强调团队特征是基于很多商家和品牌会借助孵化机构帮助自己打造IP。但是，这种由第三方打造IP的方式很难全方位地体现商家和品牌团队的特点，无法做到IP特征与品牌特征充分匹配。特征能否达成匹配，也是IP能否做成的重要因素。

（2）企业当前的发展程度

随着“创始人IP”概念越来越火，很多商家和品牌的创始人都跃跃欲试。虽然个人IP在未来可能有着无限的发展前景，但是希望每一个商家和品牌的创始人先问问自己：我做这件事有没有必要性？我做这件事合不合理？

进一步分析，对于商家和品牌的创始人而言，企业在什么情况下更适合打造个人IP呢？通常来说，如果商家和品牌的业务年销售额达到5000万元到1亿元的体量，但还没有超过1亿元，此时打造创始人的个人IP不仅可以获得流量，还能实现宣传推广产品和品牌的效果。

如果是一个相对成熟的品牌，年销售额也远超1亿元，其实创始人无须打造个人IP。若是盲目打造个人IP反而会分散精力，降低企业的运转效率。对于创始人来说，此时更重要的事情是充分利用全平台去搭建流量矩阵，进而全面拓宽整个商业组织的产能。

（3）个人具有哪些特征最有可能成为IP

一般来说，有可能成为IP的人要具备以下4个特性，如图7-1所示。

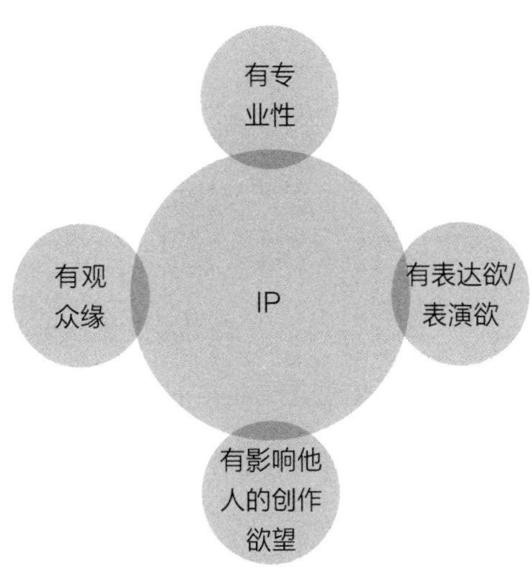

图7-1　IP具备的4个特性

1）有专业性

专业性是IP最基础的要求。个人IP无论是扎根于哪个行业，都要足够专业，能够为用户提供信息增量、价值增量。

2）有表达欲/表演欲

在新媒体时代，任何一个IP都要有强烈的表达欲，甚至是表演欲，这是一个非常重要的特性。

3）有影响他人的创作欲望

有影响他人的创作欲望是一个IP不可或缺的特性。在某种程度上，一个广为传播的IP是能够影响他人的，能够为他人带来价值，让他们感受到个人IP所传递出来的正能量。

4）有观众缘

观众缘不太好理解，但是它确实能够在短时间内让一个IP快速火起来。进一步说，能够获得观众缘的IP大多具有内容受欢迎、想法鞭辟入里却又不失趣味、出镜人物讨喜等特点。总之，要想打造个人IP，商家和品牌需要从以上3个维度进行思考，筛选出最具有价值的个人IP。

2 朋友圈是最适合打造个人IP的载体

私域流量是一个比较大的概念，不同的流量承载载体，也会衍生出各种玩法。以微信为例，其流量承载载体包括个人号、朋友圈、社群、公众号、视频号、直播、小程序等，这些都是微信私域流量生态中重要的组成部分。在众多的私域流量承载载体中，打造个人IP最好的载体就是朋友圈，因为个人既可以在这里展现自己，又可以高效地连接更多的人和物。

我们首先要强调一个事情，虽然绝大多数人打造个人IP的最终目的是实现变现，但是IP本身是无法创造收益的。IP能变现的前提是IP+，比如“IP+产品”“IP+社群”等。

为什么同样是在朋友圈销售产品，有的人即便每天发几十条朋友圈也很难有收入，而有的人却可以实现月入几万元。抛开外在原因（如文案、包装等）不谈，究其本质是因为两者的运营路径大不相同。前者是将朋友圈当超市货架，只管上架产品；而后者则是通过朋友圈运营，成功打造出个人IP之后，再利用“IP+产品”的方式快速实现转化。

因此，商家和品牌不要一开始就急于在朋友圈推广产品以寻求迅速变现，而是要先利用朋友圈本身的优势来打造个人IP。只有IP树立成功了，才有后面变现的可能。

一般来说，令人生厌的朋友圈具备以下几个特征，一是产品广告开启疯狂刷屏模式；二是产品图片拍得粗糙模糊；三是文案敷衍不走心。相反，好的朋友圈同样具备几个特征，一是明确人设，即让看到朋友圈的人能够立即看出自己是做什么的、有哪些特征；二是提供好处，即让看到朋友圈的人享受好处，包括学习知识、得到最新信息、得到优惠折扣等；三是塑造个人的品牌力，即通过展现专业的、严谨的品牌形象，让朋友圈的人信任自己，信任自己的品牌。

为了更好地让商家和品牌了解如何通过朋友圈打造个人IP，下面我们从3个角度进行具体分析。

（1）塑造专业且有价值的形象

塑造个人专业形象，包括分享行业知识、提供解决方案等。

分享行业知识是指多在朋友圈中发布所属行业的最新知识、重点资讯、发展概况等，让每一个想要了解该行业的人能够得到他们想要的内容。

提供解决方案是指能够通过发布内容解决人们的苦恼。以服装品牌为例，服装品牌创始人或者员工在经营朋友圈时可以发布一些关于穿搭技巧的信息，给不会穿搭的朋友一些指导和建议。

（2）与朋友圈用户拉近距离

通过朋友圈内容拉近与朋友圈用户之间的距离也是打造个人IP需要重点关注的策略。有助于拉近与朋友圈用户距离的内容通常包括分享生活、积极表现个人兴趣爱好、正面且积极地表达观点、互动（包括问答、测试游戏、赠送礼物等）。

（3）发布具有美感的产品广告

具有美感的产品广告才能让朋友圈用户愿意花时间阅读，然后才有可能实现成交。

具有美感的产品广告通常具备以下几个特征：

①图片高清，有较高的质感。

②图片色调一致，呈饱和状，看起来非常和谐。

③图片有美感，即构图、光线能够给人一种大方、简洁、漂亮的感觉。

④文案走心，主要表现在既能贴合主题，又能传递出一种积极向上、温暖的感觉。

总之，朋友圈是最适合打造个人IP的载体，商家和品牌要抓住朋友圈营销这一方式，发布能够积极影响朋友圈用户的内容，打造个人IP，为后续变现奠定坚实的基础。

3 打造个人IP第一步：设计人设标签

陌生用户在接触到一个IP时，大致会经历了解、认知、信任、追随这4个阶段。在了解和认知的初识阶段，人设发挥着重要的重要价值。也就是说，人设标签对于用户识别个人IP有着重要的价值。什么是人设标签？即IP在用户心目中的形象，如“精致”“奋斗”等，它能够快速地让用户将该IP与其他IP区别开来。

那么，如何设计一个好的人设标签呢？通常来说，设计人设标签可以从以下3个角度发力。

（1）功能导向

某种程度上说，人们很难拒绝能够给自己带来帮助的人。功能导向的关键点即是这个IP能够为别人解决什么问题，突出功能属性方面的人设。以数码产品测试IP为例，IP账号可以通过拆箱测评，从价格、外观、各种功能等角度出发来分析，帮助用户选择适合自己的产品。这就是典型的功能导向设计IP的人设，当用户在接收到该IP发布的信息后，很容易就在脑海中产生“专业测评”“有价值的内容”等形象，而这些就是该IP的人设标签。

当然，随着新流量市场发展越来越快，人设包装在功能属性这个维度上，也已经发生新的变化，也有了更高的要求，需要更加细分。以同样作为知识付费领域的运营顾问IP为例，以前的功能导向可能就是解决用户在运营方面遇到的各种问题，但是如果仍然沿袭这种方式，也很难再继续吸引更多的用户了，因为用户觉得这样的账号不够专业，或者说不够精深，因此需要更进一步的细分，例如私域流量运营、用户增长、活动运营等，这样的人设也不会轻易被他人替代。

（2）情感导向

情感导向也是个人IP常见的人设标签，情感导向是指以情感为基础去发布内容，这里我们可以从两个角度分析。

1）从自身角度设计人设标签

即根据自己的性格特点、价值观、生活态度等情感方面的信息设计个人IP的人设标签，并在IP账号上分享符合人设标签的内容。例如，某个人IP的人设是一个温暖向上的人，那么他平时在朋友圈需要多分享温暖、治愈、抚慰人心的内容，而不是分享冷酷、阴郁的内容，后者与他的人设相违背。

2）从用户角度设计人设标签

从用户角度设计的思考路径是从“我是一个什么样的人，拥有什么样的特质，拥有着怎样的生活态度”转变为“我希望激发起用户的哪种情感需求”。几乎每个人在刷朋友圈的内容时，都能够找到与自己心中所想相契合的人。因此，我们在打造个人IP时，就需要从用户的情感需要出发，无论是高冷风、文艺风、知识风还是内秀风，只要IP充满个性且有情感，就能唤起用户的某种情感，进而与用户产生共鸣。一旦用户在IP中获得了情感上的满足，获得了心理上的认同，那么该IP和用户之间的关系就会更加亲密。

（3）目标导向

目标导向也可以称为价值导向，即打造该IP想要实现什么目标，传递出什么价值。某种程度上说，无论广告多么有趣搞笑，最打动人心的还是价值。如果说功能导向和情感导向可以让用户对个人IP产生了解、认知甚至是信任，那么价值则是决定用户是否愿意追随该IP的关键因素。

以目标导向设计个人IP的人设标签最重要的是明确该IP想要传递给用户一个什么样的价值，然后坚持围绕目标和价值去运营内容。

明确以上内容后，接下来就要根据确定的人设标签“装修”个人IP账号，具体包括头像、背景图、用户名，以及自我介绍（包括身份、细分领域等）。

用户名，一般就是“称呼+专业/身份/兴趣标签”，关键是让人能一看就知道该账号的人设标签是什么。在头像选择方面，一般要遵循真实、正面、与所属领域相关等原则，不要使用表情包、模糊不清的图像。

背景图也是很重要的部分，它是一个人打开一个IP账号时，所占的面积最大也是最醒目的部分。在背景图中，可以通过文字或图像的形式将账号身份、价值观、愿景等内容传递出去。

总之，在打造人设IP的第一步——设计人设标签环节，我们既需要明确从哪些角度去设计个人IP的人设标签，又要根据已确定的人设设计个人IP账号的头像、背景图及自我介绍等内容，其目的都是让用户能够在第一时间知道该IP账号是做什么的，并激发用户的兴趣。

4 打造个人IP第二步：输出有价值的内容

在上一节我们提到，陌生用户在接触到一个IP时，大致会经过了解、认知、信任、追随这4个阶段。人设在帮助陌生人对我们产生了解并逐渐过渡到认知这一过程中发挥着重要的作用。当然，光有人设标签是不够的，要想赢得用户的信任和追随，我们还要做好打造个人IP的第二步，即输出有价值的内容。

具体来说，我们需要做好以下几点。

（1）深耕自己熟悉或适合的领域

要想输出有价值的内容，我们就要在自己熟悉或适合的领域中深耕，让自己逐渐成为这个领域的专家。专注一个领域，不断地发掘探索，不断地丰富和提高自己，才能提高自己的竞争力，让更多的用户愿意相信、追随我们的IP。

以知识付费的IP为例，在内容上可以针对某一类问题做出有针对性的解答，提供独到且有用的解决方案，也可以开设系统性的课程；在形式上可以先以图文为主，再慢慢发展到音频课程、视频课程，还可以通过直播、录播等方式持续向用户输出价值。等发展到成熟期，该IP可以选择任何内容形式（包括视频、语音、图片、文字等）和包装形式（包括会员、专栏、训练营等），全方位地展现自己的专业知识和专业形象。此外，高质量的知识付费内容还需要强有力的平台作为支撑，以达成良性循环。

（2）全方位输出知识和信息

全方位输出知识是指个人IP要在自媒体账号、短视频账号、直播账号、朋友圈等平台输出自己的内容，最大化地让更多的用户接触到这些知识。因为不少商家和品牌在打造个人IP时不知道每天要发什么内容，既担心内容无趣，又害怕用户抵触。要想解决这个问题，商家和品牌可以参考以下几点。

1）内容模块化运营

即把内容根据不同的模块来进行输出。一般来说，我们可以把内容划分7个模块，包括专业干货、产品推广、用户互动、正能量激励、思考/观点输出、生活和趣闻，然后合理分配一周的时间，发布不同的内容。这一形式不仅可以让个人IP发布的内容丰富多彩，还能带给用户新鲜感。

2）设计有针对性的文案

规划好内容后，接下来就要设计好文案。根据不同的内容，文案撰写也会有所不同。这里我们简单地将文案分为长文案和短文案，诸如专业干货、产品推广、思想/观点输出等，适合用长文案；用户互动、正能量激励、生活趣闻等适合用短文案。

与产品相关的推广类文案通常需要包括好奇、诱因、解决方法、好处和号召这5个要素，以激发用户的兴趣，并让用户愿意花时间在此停留。

个人思考、观点输出类文案撰写的要点是既要与专业领域相关，又要体现出“活思想”，即带有自己独到的、有价值的或者搞笑幽默的想法。

长文案和短文案各有其优势，不过在新流量时代，短文案往往更能抓住用户的目光，我们可以以“过去的认知+自己新的思考（或者直接先阐述自己的价值理念）”这种形式简短地表达出来。

（3）双向输出

无论是通过自媒体账号、短视频账号、直播账号，还是通过朋友圈输出内容，其实都是双向输出的行为，即IP账号向用户输出内容后，用户也会向IP运营者输出一定的内容。例如，当一个陌生用户被某个人IP的短视频账号发布的内容吸引后，他可能会与账号产生互动，包括提出问题、发表想法等，这也是每一个IP账号运营者希望看到的情况。当双方展开深入的一对一沟通时，我们才有可能让该用户对我们的IP产生信任。即便用户没有评论，只是简单的点赞也属于互动的一部分，尤其是朋友圈的点赞某种程度上更像是起到了关系破冰的作用。

综上，在打造个人IP的第二步，最重要的事情就是输出有价值的内容，让用户深刻地感受到该个人IP的价值，进而愿意成为该个人IP的忠实粉丝，相信它、追随它。

5 打造个人IP第三步：拉新获客

打造IP的本质就是做流量，但是很多商家和品牌在打造个人IP时最大的痛点，就是影响力不足、流量太少，解决之道是拉新获客。拉新是第一步也是重要的一步，如果拉新做得不好，再精细完美的产品可能都会丧失意义，获客也没有依存空间。

从连接的角度分析，个人IP与用户之间会形成连接关系，从弱变强，其中弱连接是“拉新”，强连接就是“留存”。当参与连接的用户越来越多，流量也越来越大，超级IP就是这样诞生出来的。那么这里有一个问题，如何才能建立更多的连接关系呢?

我们以微信为例，微信社交关系链就是建立更多的连接关系，是拉新获客的有效途径，也是一个私域流量池。通过裂变拉新触达更多的潜在用户，当100个人进入私域流量池，最后通过各种裂变方式可以影响到2000个人。也就是说，私域流量做得好，相当于拥有了一个流量的放大器，能够不断地获得新用户。例如某知识付费领域的超级IP，他通过每天早上微信语音分享60秒与用户建立关系，并坚持了2000天，从而为他带来了许多忠实粉丝。

拉新获客对打造个人IP有着重要价值，这也是打造个人IP的第三步。在拉新获客环节，商家和品牌可以做好以下工作。

（1）最大化地打开流量入口

首先，个人IP可以通过“线上+线下分享相结合”的方式，最大化地打开流量入口，为拉新和留存奠定基础。常见的线上分享包括免费或付费的知识分享，线下分享则主要是与社群、门店、学校合作。分享的目的不只是让用户对IP有更深入的了解与信任，还为了让用户加入群或者转化为好友，从而最大限度地提升留存率。

我们以微信为例，个人IP可以将公众号、小程序、社群、朋友圈作为流量入口，既能提供多种访问路径，提升留存率，又能方便用户回访，随时触达用户。

（2）与用户积极互动

在拉新后，个人IP要想让用户留存，就要积极与用户互动。例如，个人IP在直播时，可以在弹幕评论区与用户互动，包括答疑解惑、满足用户需求等。这一行为既可以展示出真实亲民的形象，又能进一步激发用户转化沉淀，成为个人IP的忠实粉丝，为后续变现提供广阔的空间。

（3）加速流量沉淀

流量沉淀能够不断地扩大个人IP粉丝群的基数。以微信为例，个人IP可以通过朋友圈、微信群、公众号等引导用户关注自己的视频号、直播间，并且在开播前进行多通道提醒，方便后续对用户进行二次营销。

（4）拉动裂变

拉动裂变则是通过分销、砍价、优惠活动等方式让用户主动分享转发，让每一个粉丝和用户都有可能成为内容的分享者与传播者，让裂变效果最大化。

值得强调的是，无论以哪种形式拉新获客，个人IP都需要注重内容生产，并让用户和粉丝有参与感，把用户当成朋友，并与其积极互动，这样才能增加粉丝对个人IP的黏性，让用户自愿传播。

6 打造个人IP第四步：流量变现

流量变现是我们打造个人IP的第四步，也是最后一步。只要个人IP打造得成功，就能创造源源不断的收入。

到了这个环节，商家和品牌的变现路径是多样化的，通常来说，偶像型的个人IP更多会通过广告和带货来变现，实力型的个人IP往往通过知识付费或输出自己的课程的方式变现。无论选择哪种方式变现，其实都彰显出成功的个人IP是非常强劲的资产。换句话说，成功的个人IP有着广泛且忠实的粉丝群体，这些粉丝也在不断为个人IP增添火力，促使其成为一个超级IP，提升其变现空间。

要想实现成功变现，个人IP就要做好精准定位，并持续输出优质内容，实现裂变式传播以拉新获客，这也是我们在打造个人IP时的重点内容。除此之外，个人IP还要尽可能多地挖掘流量变现渠道，并做好粉丝运营，这样才能让个人IP走得更远更好。

本节我们就具体介绍几种流量变现渠道，以告诉个人IP可以通过哪些渠道变现。

（1）广告变现

广告变现是常规的变现方式，包括在自己的自媒体账号上开通流量广告主，或者在自己的网站上开通广告联盟等广告服务进行变现。以微信公众号为例，当个人IP的公众号粉丝达到一定的数量时，就会有其他的品牌方与公众号合作发布广告、推广产品，而品牌合作方也会给公众号一定的费用。鉴于我们这里强调的个人IP更多是指新品牌打造的IP，所以个人IP更多的是要帮助自己的品牌和产品做广告。

（2）产品服务变现

产品服务变现是指个人IP用流量直接对接产品。进一步说，个人IP将自己品牌做的服装、化妆品等产品直接销售给用户和粉丝。例如，某服装店在成功地打造了个人IP后，该个人IP每周根据旗下的服装推出“一周穿搭”的内容并同时销售产品，效果很好，不仅获得了更多的粉丝，还有效地带动了店铺的销售。

（3）内容付费变现

内容付费变现是指让用户为内容付费，包括视频、图文、课程、培训等。例如，某超级IP通过销售自己的课程和专栏，获得了源源不断的收益。通常来说，个人IP只需要在内容付费平台生产出高质量的付费内容，并且有着一定的用户和粉丝基础，就可以实现流量变现。同时，在内容付费平台，个人IP可以采取多种方式实现内容付费变现，包括开设付费问答、搭建系列课程、直播互动等，平台通常也会提供多种内容形态变现通道，包括图文、视频、直播录播等。

（4）直播变现

直播变现是指个人IP通过直播向用户展示自己的产品、课程等，这与产品服务变现有些相似，不同的是直播变现是即时的、能实现即时互动的，通过一个真实的、立体的形象向用户销售自己的产品，更有助于促使用户和粉丝下单。

总之，成功打造个人IP之后，变现是一件顺其自然的事情，同一个IP可以用多种方式进行变现，但仍然需要有高质量的、有价值的产品或内容作为基础。

第8章

崛起：企业如何打造新品牌IP

企业IP已经成为品牌运营的重要阵地，是促进品牌崛起的关键。商家和品牌可以通过精准定位、匹配资源、讲好故事、引爆传播、把控节奏和抢占席位等6步来打造企业IP。

1 打造企业IP第一步：精准定位

精准定位是打造企业IP的第一步，也是非常关键的一步。

要想做好企业IP定位，商家和品牌首先要知道“我是谁”“我是做什么的”“我与同行相比有什么不一样的，存在多大程度的不一样”等，这些都是物理层面的定位，能够突出自己的企业IP与其他的企业IP的差异性。

除了物理层面的定位，企业IP还要做好精神方面的定位。因为当两个企业从事同样的业务，展示的都是相同的技术和品质时，消费者能够比较的就是企业的精神气质和品牌给自己带来的感觉。

为什么同一个行业不同企业的产品，会给消费者带来不同的感觉呢？这里的不同包括品牌的气质、特点和价值主张等，是消费者在明确企业IP的物理定位之后，产生精神层面的想象和深刻印象。在精神定位上，很多企业将自己定位在“高端大气上档次”。其实这并不是严格意义上的精神定位，因为“什么是高端，做到什么程度才算高端”是没有准确的答案的。这种模棱两可的词其实会让商家和品牌浪费掉很多的营销费用。

如今市场产品众多，商家和品牌要学会从品类入手做企业IP定位，不仅可以帮助用户识别，也更容易在众多的企业IP中出奇制胜。具体来说，在对企业IP进行精准定位的环节，我们需要重点关注品类定位的问题。

（1）具备品类意识

企业IP在定位时不仅要站在商家和品牌的视角上，还要从用户视角出发。通常，用户识别路径是先识别品类，后识别品牌。因此，企业IP要有品类意识，品类定位也要清晰，这样用户在对某个品类产生某种需求时能够立即联想到该IP，不仅可以降低营销成本，还能降低与用户之间的沟通成本。要想明确品类，企业IP可以直接在品牌名上体现，例如，某卤味品牌“××鸭脖”，能够让用户一眼看出该品牌所属的品类。

（2）大品类中做差异化定位

虽然说细分市场有出奇制胜的可能，但是企业IP定位需要警惕细分陷阱，要在成熟的大品类中去做差异化，通过“用户定位+核心需求+使用场景+外观设计”组合的方式建立差异化定位。例如，某美妆品牌的目标用户定位在年轻的女性消费群体，抓住了该消费群体修饰面部的核心需求，通过塑造“加班熬夜焕彩肌肤”“见男朋友前的精致妆容”“走亲访友的大方妆容”等场景，再加上产品外形精致，很快就吸引了目标消费群体的关注和追随。

（3）关注增长品类

打造企业IP时要尽量选择增长品类，增长品类是指还在呈现上涨趋势、尚未饱和的品类，它使得企业IP在未来有着更广阔的生长空间。如何判断某品类是否是增长品类呢？企业IP可以参考各种年报、行业协会内部数据、生意参谋数据等，也可以从工厂、原料商、渠道商那里获得相关信息。

（4）选择强势品类，避开弱势品类

强势品类一般指能形成“专家品牌”印象的品类，如电器、家具等；弱势品类一般是指单价低、购买频率低、不太需要通过品牌彰显价值的品类，如牙刷、水杯等。在企业IP定位上，商家和品牌要尽量避免在一开始就切入弱势品类。

换句话说，企业可以通过强势品类建立专家形象，然后再过渡到弱势品类中。以拉面为例，企业IP可以先切入强势品类——日式拉面，更容易建立起面食专家形象。等发展成熟之后，再往小品类中切，如小面等。

总之，精确定位是打造企业IP中的重要一环，对后面环节有着重要的影响，企业IP可以根据以上4点辅助定位。

2 打造企业IP第二步：匹配资源

在精准定位后，打造企业IP的第二步就是匹配资源。为什么要匹配资源呢？主要是因为随着新流量时代的到来和新媒体的迅速发展，商家和品牌找到媒体和传播渠道的难度降低了，他们可以通过各类社交平台去传播或寻找合作方。但是资源多了也带来了一些问题，商家和品牌需要在众多的资源中筛选出能与企业IP定位相契合的资源。

在匹配资源的环节，商家和品牌首先要清空自己已有资源的状态，并以企业当前定位为基础去思考要达到这一定位需要哪些资源，有哪些资源是必不可少的。具体来说，商家和品牌需要思考以下几点问题。

（1）确定已有资源，弥补缺乏的资源

不少商家和品牌在匹配资源时，把关注点放在自己有没有资源上，常常根据已有资源设置行动方向。其实，更积极有效的做法是把自己能想象的可能需要的资源全部都列出

来，然后再去查看自己现在需要哪方面的资源，这些资源是否已经有了，如果没有就抓紧时间去寻找这些资源。

例如，商家和品牌既需要传统媒体资源，又需要新媒体资源，发现自己已有传统媒体资源，但缺乏新媒体资源，此时就要去积极建立起来。

（2）在匹配资源的过程中，建立属于自己的独特魅力

匹配资源并不是往企业IP上堆砌的资源越多越好，而是要建立属于自己的独特魅力，这样不仅可以让更多的资源方愿意投资你，还能在匹配资源的过程中建立竞争优势。因此，商家和品牌还需要学会站在资源方的角度上思考“我们呈现出一个什么样的样貌会让资源方感觉有趣并愿意投资”，而不是说“我需要你的资源，你来投资我吧！”再好的投资关系，也不如交付实际价值靠谱。

（3）资源不要贪多，让核心资源充分发挥价值

商家和品牌在匹配资源时，不要贪多，只要让核心资源得到充分发挥就会有很大收获了。核心资源是指企业IP打造过程中必备的资源，包括人才、技术等。同时，商家和品牌也要主动维护资源，尤其要与媒体资源建立好合作关系，通

过体验、反馈、主动报道等各种行为去维护资源，为后续关系的发展奠定良好的基础。

（4）匹配适合的、性价比高的资源

新流量时代，资源分布很广，但是商家和品牌在打造企业IP时，要匹配适合的、性价比高的资源。进一步说，商家和品牌需要根据企业IP需要的是长期宣传还是短期宣传、通过哪些渠道宣传、预算区间、意向合作资源方等方面的因素去确定资源合作方，最大化地选择性价比高、质量优的合作方。例如，某企业IP在发布产品时，与当下热度高的时尚类KOL合作，并且会联系时尚杂志、时尚类的微信公众号等其他时尚自媒体账号发布品牌信息，并且在这些合作方的页面上标注品牌方信息，既明确，又能有效地提升品牌形象。

总之，企业IP可参照以上4点进行资源匹配，以集中核心的、需要的、适合的、性价比高的资源帮助品牌发展，建立起自身的竞争优势。

3 打造企业IP第三步：讲好故事

讲好故事是打造企业IP的重要一步，它既能为企业IP建

立一个丰富立体的形象，又能快速地让企业IP在短时间内得到迅速的传播。

对企业IP来说，讲好故事意味着要完整、高效、生动地传达信息，包括企业的产品、商业模式、团队、创始人，为什么要做这个品牌或产品，企业所推出的产品给用户带来了哪些积极的变化等，这些都是企业IP可以讲的故事。

在“讲好故事”环节，我们首先要明确4点：

①讲故事是对“定好位”的配合，否则故事没有根基，反而变成了传播噪声。

②好的故事注重起承转合，并在吸引人和细节方面做得很到位，进而实现广为流传的目标。

③将靠谱的产品作为故事的落脚点。很多企业IP前期也并没有说出一个明确的动人的故事，但是它们后期却以靠谱的产品站稳了脚跟。

④确定好故事后，就要学会包装，即在平凡中寻找不平凡。进一步说，企业IP需要思考“我们为什么要做这件事情？这件事情做起来之后与其他竞争者相比有什么优势？在这过程中发生了什么好玩的事情？这件事情的完成对世界有什么好处？”等。这些都可以是企业IP去思考并包装的事情。

在明确以上4点后，在打造企业IP的过程中，商家还要用不一样的形式和不一样的心态讲故事，以此来丰富故事的形式。

（1）用语音讲故事

很多品牌在用文字讲故事时，有的品牌已经用语音讲故事了。以语音的形式讲故事不仅可以让听故事的人对说话人的声音、语气、声调产生更多的感受和想象，而且说故事的人可以通过带有情感的朗读让故事更引人入胜。

> 某品牌IP在别人都用文字说故事时，他们选择用一分钟语音推送，将自己变得与众不同。首先，在故事内容方面，他们会写长长的一段话，按正常语速读60秒左右。在正式录制之前，他们会训练自己的语气语调，根据故事的内容调整语速，使得自己在正式录制时会表现得很自然。他们这种亲近可感的“声音形象”让他们收获了上百万的忠实粉丝。

从案例看，该品牌IP通过“声音”讲故事这一更新颖、有趣的方法吸引了众多的用户，利于构建真实可感的品牌形象。

（2）用“视频+音频”相结合的方式讲故事

当越来越多的人采用音频的方式讲故事时，企业IP可以考虑其他的讲故事的方式，例如，采取“视频+音频”的形式讲故事，视频内容可以是动漫、创意短片等形式，并辅以与内容相配合的声音，也能讲出一个引人入胜的故事。

（3）采取线下或展览形式讲故事

当越来越多的人采取“视频+音频”相结合的方式讲故事时，企业IP可以反其道而行之，采取线下或展览的方式讲故事，让故事形象更真实立体。

某种程度上说，以上3点是缓缓推进的关系，旨在告诉商家和品牌在打造企业IP时，可以不断地创新讲故事的形式。值得强调的是，讲故事也是建立在精准定位的基础上的，定位不准则故事“不稳”。

4 打造企业IP第四步：引爆传播

引爆传播是指将匹配好的资源和已经完成的事情，在短时间内迅速引爆出来，以形成最大化的影响，尽可能地让广泛的用户知晓此品牌。

某国风美妆品牌的定位是“东方彩妆，以花养妆”，致力于打造健康、养肤、适合东方女性使用的彩妆产品。其目标人群定位在18～30岁的，喜欢互联网、喜欢古风、追求颜值、喜欢看社交媒体测评的东方女性。

基于品牌定位，该品牌塑造了一个贯穿始终的完整的品牌故事，在消费者心中传递出了一个“国风”品牌形象，打造了一个让国人引以为傲的“东方彩妆”这一独特品牌定位，且生产了一系列满足“中国风”定位的产品，成功地吸引了一大批消费者。

在引爆传播上，该品牌深耕时下热门的网络社交平台。以某知名短视频社交平台为例，就有1516个账号曾为其带货，视频总量高达2888个，总浏览量超过9000万次；在热门的生活方式平台，他们重点通过KOL来进行引爆，为产品引流。同时，他们还在其他平台上发布国风IP动漫、国漫妆、古装教程等内容，找KOL进行口红试色，针对不同圈层输出定制化内容。

此外，他们还寻找品牌代言人为其古风风格彩妆产品进行背书，邀请直播带货界的重量级人物为其带货，借助直播和带货达人的流量实现品牌大爆发，仅半年时间就跻身于国产美妆头部梯队。

从该品牌在短时间内能够引爆传播的案例可以看出，商家和品牌在打造企业IP时要多管齐下，全方位发力，最大化地向不同圈层的用户呈现产品，才能在短时间内达成预期的效果。

（1）主阵地传播，在各大社交平台做内容营销

时下热门的几大社交平台都可以成为企业IP的内容营销主阵地，一方面商家和品牌要在几大主要内容营销平台开设官方账号，另一方面也要根据各大社交平台（或短视频平台）的平台特征和用户属性，发布具有针对性的营销内容，持续输出定制化的内容。即商家和品牌要在短视频平台上发布短视频类营销内容，在图片属性更强的平台发布“图片+文案”的营销内容，力求对不同平台的用户形成影响力。

（2）全渠道运营，精准投放引爆关注

企业IP可以以“明星阵容+头部KOL带货单品+腰尾KOL扩散+底部KOL广泛扩散”的方式开展全渠道运营。具体来说，商家和品牌首先可以邀请与品牌形象和理念相关的明星作为代言人，为品牌理念背书，然后请头部KOL制造话题、种草，再请腰尾部KOL和底部KOL持续扩散。通过全渠道运营持续向用户输出品牌的价值和内涵，迅速提升品

牌的关注度。

（3）多维度种草，引爆口碑

多维度种草是指企业IP从专业测评、开箱测评、好物分享或者教程分享等方面向用户展示产品，全方位打造品牌的口碑和声势。此外，企业IP还要做好线下传播，通过投放电梯广告等方式让用户在线下也能看到自己的品牌，进而使用户在线上看到品牌时有一定的熟悉感，稳定品牌感知力，增强品牌的曝光力度。

总之，在引爆传播方面，商家和品牌可参照以上3点去做营销传播，集中全部的力量去呈现品牌，建立用户对品牌的认知度。

5 打造企业IP第五步：把控节奏

如果把引爆传播比作“烟花爆炸”，那么对企业IP来说，烟花易冷怎么办？当品牌实现引爆传播，获得一定的热度，又该如何一步一步走下去。从另一个角度看，如果营销如不断绽放的烟花，在某种程度上也会极其消耗品牌的人力、物力和财力。因此，打造企业IP还要走好第五步——把控节奏。

把控节奏是指在营销工作过程中，商家和品牌对当前人事物的掌握和安排，通过合理的协调呈现出如音乐节拍中的韵律感和波动感，进而呈现出一个良好的节奏感。

在把握节奏环节，商家和品牌需要注意以下几点。

（1）明确下一步的打算

在制造了一定的热度之后，不同品牌的下一步的打算也不同。有的品牌下一步的打算是推出新产品、有的品牌希望获得市场融资、有的品牌则是推出新定位、有的品牌则是要推出迭代产品等。同样，每个品牌的状态不一样，发展阶段不一样，接下来的行动也不一样。因此，商家和品牌一定要明确下一步的打算，才能更好地完善品牌发展之路，而不是简单地抄袭别的品牌的打法和节奏。

（2）有节奏地完成“铺设-种草-起势-忠诚-转化”营销链路闭环

我们可以将前期的引爆传播和后期的营销总结为“铺设-种草-起势-忠诚-转化”营销链路闭环，在各个环节上都要按照有序的节奏进行把控。

首先，在品牌铺设环节，通过主阵地传播和全渠道传播，全方位地展示品牌信息。

接着，在种草环节，商家和品牌通过各种种草方式进一步提高品牌的知名度。

然后，在做好以上两步后，品牌会有的放矢地起势，在起势阶段，商家和品牌又可以通过定向广告和线上广告进一步做精准投放，将有限的资源最大化地利用起来。

最后，在通过前期的运作吸引了品牌消费者后，品牌还需要通过互动沟通、优惠活动等方式提升消费者对品牌的黏性，完成转化。也就是说，当流量褪去的时候，品牌能够留住一批忠实用户和粉丝，减少自己对流量的依赖性。

通过以上步骤，企业IP时既能有条不紊地实现传播，又能实现转化。这也是商家和品牌在打造企业IP时需要把握的节奏。

（3）适时地点亮节奏，创造小的高潮

如果营销传播如绽放后的烟花一样，归于沉寂，那么品牌也会渐渐被用户遗忘，或者很容易被市场同类的新出来的产品所替代。因此，商家和品牌需要不时地点亮节奏，创造小的高潮。

商家和品牌可以通过主动发起活动、挑战赛的方式在短时间内再度吸引用户的眼球，也可以通过跨界营销的方式赚足眼球。例如，某美妆品牌一方面与时下热门的歌手合作品

牌主题曲，又在文创、二次元的圈层大玩国风，持续给消费者带来新的视觉体验。

总之，在把控节奏阶段，商家和品牌需要注意以上3点，有条不紊地打造企业IP，而不是走到哪儿打到哪儿，毫无准备、毫无章法。重要的是，商家和品牌要根据品牌传播当前的阶段以及下一阶段制定不同的策略，奏出不同的节奏，持续带给用户新鲜的体验。

6 打造企业IP第六步：抢占席位

打造企业IP的第六步是抢占席位，这是打造企业IP的最后一步，也是众多品牌最渴望达成的一步。若是能够成功抢占席位，不仅能够获得更多的竞争优势，同时也意味着品牌在技术、成本或品牌策划方面获得了难以比拟的优势，让竞争对手难以企及。

> 某品牌在电子产品领域树立起了领跑者的品牌形象，并且展现出了超强的品牌策划能力，他们创造了很多的第一，并且独居慧眼，具有“先见之明”地创造了市场需求，使得其在电子产品领域牢牢占据了优势位置。

当然，如果能够妥善地做好前5步，成功抢占席位也是一件顺其自然的事情。换句话说，这是定位清晰、匹配高效、传播迅速、节奏稳当所得到的一个结果。

在抢占席位环节，商家和品牌需要重点做好以下几点。

（1）踩中风口，做差异化特色定位

在新流量时代，商家和品牌要想打造企业IP，就要踩中风口，了解当下消费者尤其是年轻消费者的需求和审美，做差异化特色定位。

> 某美妆品牌构建的“东方彩妆”这一新品类踩中了国潮之势的风口，从大牌云集的“西方彩妆”体系中脱颖而出，不仅获得了全球消费者对该品牌的认可，而且消费者的消费热情也十分高涨。在2021年“618”购物狂欢节，该品牌成功跻身“口红成交额TOP3”品牌。
>
> 此外，该品牌走稳妥路线，避开了其他品牌争先进入的眼影、睫毛膏等市场，而是瞄准了相对冷淡的蜜粉、散粉市场，差异化地提升竞争力。

（2）性价比高，不做低价格，不争高价格

随着经济的发展，国民消费水平也随之提高。人们更愿意消费符合自己心理预期价位的产品，对于高于认知外的产品价格的接受度也会降低。因此，商家和品牌要做一些性价比高的产品，不做低价格，也不争高价格。

> 某品牌散粉售价大多在150元左右，比常见的同类型50～100元的散粉的价格更高，但是比其他的高端品牌的散粉价格低，很好地填补了150～300元的空白市场，满足了用户量最大的大众群体的需求。

（3）专注研发，不断推出更多的优质产品和服务

即便商家和品牌通过前期各种运作获得了庞大的用户和粉丝基础，并成功地销售了产品，也不能躺在功劳簿上吃老本，而是要专注研发，不断推出更多的优质产品和服务。进一步说，商家和品牌要愿意花费更多的研发成本为用户带来更优质、更精美的产品，根据产品的内容和质量确定研发周期。有的新产品研发周期长，更能够把控产品品质，推出精品，实现慢工出细活。

某品牌的创始人曾表示：“XX（品牌名）产品上线标准高出许多国际一流品牌，产品研发周期长，均在1~2年。”在流量时代，不仅要求新求快，还要求优。

此外，在产品营销上，商家和品牌既可以保持现有力度，也可以稍微加大力度，以在激烈的市场竞争中站稳位置。毕竟营销也是一把双刃剑，过度的营销也会影响消费者的观感，甚至让用户心生抵触。

综上，要想成功地打造一个企业IP，商家和品牌就要走好以上6步，才能在持续发展自身优势的前提下，走上品牌发展和追求卓越之路。

第9章

扩容：新品牌运营的4个维度

品牌扩容是新品牌发展到一定阶段之后必须做的工作。一般来说，品牌扩容工作需要从策略、矩阵、获客和运营4个维度展开。

1 策略：重新定位，商业模式，品牌资本化

当新品牌成功建立之后，随着品牌影响力不断扩大，在发展的过程中积累了一定的资金、人才、技术、管理经验，品牌扩容工作就会被提上日程。

品牌扩容是一个具有广泛含义的概念，它涉及的活动范围比较广，但具体来说，品牌扩张指运用品牌及其包含的资本进行发展和推广的活动。它是指品牌的延伸、品牌资本的运作、品牌的市场扩张等内容，也包括品牌的转让、品牌的授权等活动。利用品牌资源实施品牌扩充，已成为很多品牌发展的核心战略。

品牌扩容具有重要价值，具体表现在4个方面。

第一优化资源配置，充分利用品牌资源

品牌在扩容的过程中，势必会合理配置各种资源，使其充分发挥作用。

第二借助品牌忠诚，减少新产品“入市”成本

品牌扩容常利用已有品牌及产品的美誉度、知名度、

好感度来提携新产品，为新产品上市服务。

第三提高品牌的市场占有率

品牌扩容能使品牌群体更加丰富，为消费者提供更多可选择的对象，从而扩大目标市场，提升品牌的市场占有率，提升品牌的竞争力。

第四实现收益最大化

扩容后的品牌一方面能够为市场提供更多的产品和服务，另一方面在提供产品和服务的过程中也能提升收益。

对品牌来说，扩容具备重要价值。要想充分地体现出扩容的价值，新品牌可以采取以下扩容策略。

（1）品牌重新定位

重新定位是品牌为应对新消费需求及竞争环境的变化而采取的战略创新、营销创新，也是品牌的再创新。尤其是很多老品牌，在消费升级的环境下，要想扭转品牌的命运，吸引更多的新消费者，对品牌进行重新定位是非常有效的策略。

当然，重新定位并不是换一个品牌名称、换一句宣传口号，而是需要洞悉消费者和市场的变化，结合自身资源进行全方位的资源整合，以及对目标消费者进行价值重塑。因此，重新定位需要更高的营销智慧，也更考验品牌运营者的勇气和魄力。

> 某凉茶品牌从“药茶”重新定位到“预防上火的饮料”，该品牌不但改变了自己的品类属性，抛弃了老化、落伍的老字号形象，还改变了目标市场，赢得了广泛的年轻消费群体的认可，从而改变了品牌的命运，迅速火遍全国。

从该案例看，该凉茶品牌真正做到了重新定位，并且做了两项关键工作：一是将药茶重新定位到“饮料”，改变其属性，更适合日常消费和饮用；二是将“药茶”这一看起来丰富其实很模糊的内容重新精确定位至“预防上火”，更能抓住目标消费人群的需求。另外，预防上火更明确到具体的场景中，例如加班熬夜上火、吃火锅上火等，让有此情况的消费者进行消费。

> 某护肤品牌为了顺应年轻消费者审美需求的变化，也进行了重新定位——从“时尚护肤品牌”转变为“中国人自己的护肤品牌”。重新定位之后，该品牌从敦煌壁画中提取形象与色彩灵感，把中国传统文化巧妙地嫁接到产品研发和包装设计上，从而赢得了很多年轻消费者的喜爱。

对品牌来说，重新定位的核心是扩大目标消费群，从而扩大市场领域。因此，在对品牌进行重新定位时必须先探究消费者的需求变化，并围绕这些变化对品牌的战略、产品、营销等方面进行创新。

（2）商业模式创新与变革

日本作家野中郁次郎、德冈晃一郎在《商业模式创新实践》一书中提到，高明的战略理论不是企业战略的无限升级版，它立足于商业模式的创新，追求真正的社会价值的创造。商业模式是指企业在经营主营业务的基础上，还要建立与合作伙伴、消费者、渠道，以及企业部门之间完善共赢的交易关系和联结方式，形成企业长期可持续发展的盈利模式。

品牌要想获得持续成长和发展，就需要进行商业模式创新与变革。无论是老品牌还是新品牌，如果一直围绕旧的商业模式转圈，新的业务领域就会萎缩。商业模式创新与变革意味着商业模式关系网的全方位改变。

一般来说，新品牌在诞生之初可能就已经跳出了传统商业模式，进行了商业模式创新。但这并不意味着新品牌可以一劳永逸。随着时代的发展，市场不断变化，不管当初多么新的商业模式也会变得滞后，需要进行创新和变革，否则，品牌发展可能会陷入停滞。

商业模式的核心要素包括价值主张、目标消费群体、分销渠道、客户关系、价值配置、核心能力、价值链、成本结构、收入模型以及裂变模式。新品牌在运营时需要从以上10个角度做出具体变革，进一步探索品牌的发展空间、核心竞争力、客户价值、盈利模式等具体、可量化的价值，而非陷在创新商业模式的风口中自欺欺人。

（3）品牌资本化

品牌是企业最重要的资本。某种程度上说，品牌资本价值的高低是衡量品牌优劣的一个重要的标准，它充分显示出品牌在未来的发展潜力。因此，商家和品牌要努力实现品牌资本化。品牌资本化是指把品牌作为一项资本，产生财务收益。如果商家在所属领域中相比其他竞争对手拥有更多的品牌资产，那么该商家就会拥有更多的竞争优势。

当然，品牌资本化不是一朝一夕就能形成的，它通常需要在4个基本维度进行提升：品牌忠诚度、品牌知名度、品牌感知质量、品牌联想。

品牌资本化的4个维度

①品牌忠诚度是消费者对品牌产生的信任、承诺程

度，消费者对品牌的忠诚度越高，就越愿意为高质量付出高价格。

②品牌知名度是指品牌为消费者所知晓的程度。通常，品牌知名度越高，越能影响更多的消费者。

③品牌感知质量是指品牌为消费者所能感知的有关品牌的内容，包括品牌质量、品牌包装、品牌设计等要素。通常，品牌让消费者感知的质量越高，越能让消费者对其产生好感。

④品牌联想是指品牌使消费者引发的对品牌的任何想法，这些想法来源于消费者生活中的各个方面。通常，越是能够引起消费者联想的品牌，越能让消费者欲罢不能。

这几个维度间有着一定的联系，相互帮扶。所以商家和品牌在进行品牌资本化时，应该有针对性地运用营销和传播手段对这4个维度进行综合提升。

总之，新品牌可以通过重新定位、创新商业模式和将品牌资本化的方式对品牌进行扩容，进而有效地运营品牌，提升品牌的竞争优势。

2 矩阵：全域流量，营销团队，用户管理

在新流量时代，建立适当的营销矩阵是新品牌发展必不可少的策略。虽然很多新品牌在创建之初就已经搭建了一定的营销矩阵，但随着品牌的不断发展，原来的矩阵将难以应对新的市场竞争，这个时候品牌就需要对营销矩阵进行扩容。具体来说，新品牌在进行营销矩阵扩容时要关注3点，即全域流量、营销团队和用户管理。

（1）全域流量

“全域流量”是由杭州电子商务研究院发布的学术定义，主要是指以自身官网私域平台（如PC端网站、移动端H5网站、小程序、移动端App等）为基础载体，建立自媒体账号、社交媒体账户矩阵，并在这些账号上发布营销内容进行推广的综合运营流量。

某坚果品牌将自身定位于纯电商，依托电子商务及互联网数据大环境，从而在新的一轮潮流中脱颖而出。

首先，该品牌在各大平台开设账号，包括短视频平台、社交平台等，并且以品牌卡通人物为头像，与用户进行拟人化沟通，成功获得了用户的喜爱。

其次，该品牌将数据信息平台化，抓住了数据海量的互联网平台，数据的碎片化的特征，并借助信息系统，将数据信息打通，将用户资源有效地运营起来。

最后，该品牌还借助互联网做营销活动，充分盘活全域流量。包括在各大平台开展宣传活动、促销活动，包括免费试吃，“9.9狂欢购”，新品发布会等，最大化地借助流量宣传品牌和产品。

可以说，全域流量是继私域流量概念后，全网、全渠道、全媒体的互联网流量经营新模式，它同样也能有效地增强品牌的影响力。

（2）营销团队

优秀的专业营销团队是营销矩阵扩容中关键的一环。尤其是在互联网时代，品牌营销不再局限于线下营销渠道，还包括线上的自媒体、短视频、直播等渠道，如果没有一个优秀的专业营销团队，新品牌将很难获得更持久的发展。

要想打造一个专业的营销团队，商家和品牌需要思考两个问题，一是专业的营销团队一般由哪些专业人才组成；二是这些专业人才需要具备哪些素质，其职责范围有哪些。

营销团队的人才组成及其职责范围

①策划师，主要工作包括组织和策划新品发布会、展会、企业日常营销活动。

②文案设计师，主要工作包括撰写产品包装、活动事件、新品发布、日常营销等文案。

③视觉设计师，主要工作是根据需求完成品牌、产品的形象设计，实现各类宣传物料的视觉呈现。

④媒介与公关，主要工作是与媒体对接和联络，维护关系，发布软文，处理危机公关事件等。

⑤自媒体运营师，主要工作包括完成品牌自媒体的建设和运营，增加品牌知名度，实现精准营销和网络传播矩阵的建立。

⑥数据营销师，利用大数据分析存量和新开发客户，实现产品的科学营销。

（3）用户管理

在品牌的营销矩阵中，用户管理也非常重要，它能够最大化地发挥出用户的价值。在新品牌创建之初，因为用户人数较少，用户管理方式也比较简单，可能只需要建立一个微信群就可以做好用户管理，但是随着品牌的不断发展，用户数量的不断增长，这种简单的用户管理模式已经难以适应需求。这个时候，对用户管理模式进行升级对品牌发展至关重要。

随着社交媒体的快速发展，品牌的用户管理已经由过去的电话、短信、邮件等方式转变为企业微信、微信公众号、朋友圈、社群、小程序、视频号等方式。虽然用户管理的方式发生了变化，但本质并没有变，都是通过不同的渠道连接用户，为用户提供更贴心、更完善的服务，以提升用户的忠诚度。

具体来说，品牌可以从以下几个方面对用户管理模式进行升级。

1）对用户进行分级管理，为有不同价值的用户分配不同的资源

商家和品牌可根据用户的信用状况、下单金额情况、发展前景、对品牌利润的贡献率等几个指标，对用户进行分级管理，发现用户的特点，了解用户的多样化、个性化的需求，为最忠诚的、对本品牌产品需求量最大的用户提供更有针对性的、更贴心的服务。

2）为用户贴上个性化标签

大数据时代，商家和品牌可通过数据分析为用户贴上个性化标签，利用系统分析、识别忠诚用户。进一步说，系统会动态监测用户的消费行为和行为轨迹，对用户进行打分，

进而得出用户活跃度、忠诚度等，以及发现高价值的潜在客户。商家和品牌在得到这些数据后，可以为不同分值的用户设计不同的用户管理和培育方案。

综上所述，要想做好扩容矩阵，商家和品牌就要在全域流量、营销团队和用户管理3个维度发力，全方位地打造矩阵，为新品牌运营做出妥善规划。

3 获客：私域运营，新平台，存量和增量

获客是指获得客户、获取客户。获客对品牌发展具有重要意义，它能够帮助新品牌积攒更多的新用户，不断地扩大品牌的影响力，更会影响品牌后续发展潜力。可以说，获客是品牌发展过程中需要一直做，并且要做好、做到位的重要工作。

和新品牌创建之初借助公域流量、商域流量等渠道进行获客不同的是，品牌发展到一定阶段之后，获客重点在私域运营、新平台、存量和增量的提升。

（1）私域运营

私域流量指的是那些能够随时触达、自由控制、反复使

用且免费使用的私有用户流量。在拉新成本居高不下的情况下，私域流量对品牌发展有着非常重要的价值，因此在品牌扩容阶段，做好私域运营是非常重要的扩容策略。

具体来说，品牌要从以下几个方面做好私域运营。

1）建立完善的私域平台矩阵

建立私域平台矩阵一方面可以让商家和品牌省时省力地管控私域流量，另一方面也能更好地集中精力管理好私域用户，为用户提供更优质的服务。要想建立完善的私域平台矩阵，商家和品牌首先要明确自己可以通过哪些渠道获得私域用户，然后将这些渠道集中起来，通过创建微信群（或者其他方式）的方式将这部分私域用户集中起来，统一管理。

2）与私域用户建立信任关系

要想与私域用户建立信任关系，商家和品牌可采用以下方法。

首先，通过销售数据和权威背书建立信任。用户在消费时常表现出“从众效应”和“权威效应”，喜欢购买大家都购买的，或者经过权威认证的品牌。因此，商家和品牌既可以向私域用户展示品牌的年销售量、月销售量、好评率、回购率等，又可以请行业专家利用其专业形象给品牌背书，以证明自己的品牌是有实力的，值得信赖的。

随后，品牌可以通过做出承诺和兑现承诺建立信任。具体来说，商家和品牌首先要了解私域用户在乎什么，顾虑什么，然后通过做出承诺和兑现承诺的方式建立信任。例如，私域用户担心退货问题，商家就要对此做出承诺，如“七天内无条件退换货”，并积极兑现承诺，用真心换真心的方式建立信任。

3）持续增强私域用户的黏性

要想持续增强私域用户的黏性，商家和品牌可采用以下方法。

首先，持续输出优质的内容，拉近品牌与私域用户之间的距离，让私域用户对品牌和产品有更深层次的了解。例如，商家可在微信公众号持续向私域用户推送有价值、有可读性的内容，让用户能够更好地了解关于品牌和产品的信息。

此外，商家应多发布优惠活动信息。商家和品牌可以通过发布活动信息、分享优惠券、群员互动、会员卡等方式增强用户的黏性，让用户感受到来自商家和品牌的优惠，进而增强用户黏性。

（2）新平台

平台是品牌获客的重要渠道。任何新品牌在创建之初都不可能实现全平台获客，一般是集中力量在一两个平台进行获客。但是，随着品牌的发展，现有平台的流量往往难以满足需求，这个时候品牌就需要开发新的获客平台。

一般来说，品牌获客平台可以分为线下和线上两类，不同的平台有不同的流量，品牌运营者需要根据自身发展需求进行定位，选择合适的新平台。之后，品牌运营者还要将新平台和现有平台进行对比，避免出现流量重叠的情况。

1）线下平台的分布和选择

线下平台主要是指商家和品牌的实体店铺，它的流量通常与所处的位置有着密切联系。通常来说，位于客流量大的地段的店铺，其营业情况更佳。线下平台适合已经有一定的名气、消费者消费频率高、易于被消费者消费的品牌。

2）线上平台的分布和选择

线上平台主要包括商家和品牌的店铺、商家和品牌在各大平台开设的账号等，它的流量与品牌的知名度、营销内容的价值有着很大关系。线上平台适合对新流量有一定研究，并且有着良好创意，能够让创意得到很好实施的品牌。

（3）存量/增量

在新品牌的互联网运营中，“存量”和“增量”两个词常常被提及，存量市场说的是现存的、已被看到的、确定的市场份额。增量市场说的是可能会被激发的潜在的市场份额。不少新品牌执着于“增量”，其实存量也非常重要。某种程度上说，品牌破局的关键是做好“增量+存量”。

在存量部分，商家和品牌可通过持续推送优质内容、提供高质量的产品和服务、多提供优惠活动等方式，最大化地保障存量市场。而要想做好增量市场，商家和品牌就要采取“流量潜力人群+圈层运营”的策略。

商家和品牌首先要明确流量潜力人群是谁，是银发人群、单身人群、婴童人群还是小镇青年人群？先确定好圈层再做运营会更有效。

确定好圈层后，商家和品牌就要做好圈层运营，具体来说，品牌要了解圈层用户具体画像，并根据他们的特征和爱好，策划出更容易让他们被吸引和接受的内容。

4 运营：用户裂变，流量沉淀，审美红利

在新流量时代，“酒香也怕巷子深”，再好的品牌都要运营，否则很难被用户发现和消费。品牌运营是指企业以品牌为核心所做的一系列运营工作，目的是实现品牌壮大，以增强其在市场上的竞争力。要想做好品牌运营，商家和品牌就要从3个方面进行扩充，即裂变、沉淀、审美红利。

（1）用户裂变

用户裂变是指由1个用户变2个用户，2个用户变4个用户，能够呈指数级的增长。用户裂变对品牌有着重要的价值和意义，它能够让品牌在短时间内获得大量用户，产生巨大的影响。

要想产生用户裂变，商家和品牌首先要在不同场景中吸引用户加入社群。商家和品牌可以根据自身产品的属性去打造多个社群，通过各大社交平台去吸引相关用户主动加入社群。要想成功吸引用户，商家和品牌就要发布能够给用户带来价值，帮助用户解决问题的内容，让用户参与（如点赞、转发、收藏、评论等）。这一行为不仅可以让用户看到内容后主动咨询，并通过添加的方式进入社群，还能有效地提升内容的推荐量和曝光量。把潜在用户吸引到社群以后，商家和品牌就要培养种子用户，即对社群活动、品牌产品关注度比较高并且保持积极互动的用户。积累一定量的种子用户之后，商家和品牌就可以借助种子用户进行裂变。在这个过程中，商家和品牌要与种子用户建立信任，通过发放福利、分享获利、在社群里互动交流等方式让种子用户主动裂变。

（2）流量沉淀

流量是流动的、分散的、不定性的，在捕获流量后，商家和品牌就要学会让流量沉淀。通常来说，商家和品牌会通过活动沉淀流量。以会员活动为例，商家和品牌可以按成功下单、成功分享、成功注册等形式设置积分奖励，并制定积分奖励规则，用户达到对应积分后，便可领取相应奖励，以这种活动形式将用户沉淀下来。

（3）审美红利

随着Z世代消费者需求的增长与互联网的飞速发展，“颜值经济”大行其道，审美需求已经成为更多年轻消费者的重要需求。因此，在品牌运营扩充的过程中，一定要想办法满足年轻消费者的审美需求，抓住这波审美红利。

具体来说，品牌可以从以下几个方面满足年轻消费者的审美需求。

1）外在美：对外的视觉呈现

外在美是指对外的视觉呈现，包括产品的外观设计、包装、色彩、材质等。年轻的消费者很容易被精致漂亮、富有新意、带有审美趣味的品牌和产品吸引，也更愿意为此买单。因此，商家和品牌要多设计精致美丽的、有创意的产品，让用户先被自己产品的颜值吸引。

2）内在美：对内的感知价值

内在美即感知价值美，这是被赋予在品牌或产品上的价值观或品牌文化，能够与消费者产生共鸣。进一步说，内在美主要体现两个方面：一是品牌的价值理念，如追求卓越、奋斗等；二是品牌背后所蕴含的生活价值和态度，如产品是否隐藏着对美好生活的暗示，是否能够传达出一种美好生活的理念和信心。例如某品牌卫浴的品牌理念是“创造美好生活”，就无形间向用户传递出品牌内在的价值，让用户感受到品牌深层次的价值。

总之，要想实现品牌扩容，商家和品牌就要在扩容策略、扩容矩阵、扩容获客、扩容运营4个维度做出努力，进而有效地扩展新品牌在未来的发展空间，激活品牌的生命力。